かく たのしむ ひろがる

クレパスのじかん

西尾 正寛 ／ 小林 貴史 ／ 山田 芳明

株式会社サクラクレパス 出版部

はじめに

　箱から出してすぐに使うことができ，いろいろな色を選ぶことができるパスは，子供の“かきたい思い”に応える用具として長く親しまれてきました。またパスは様々な使い方ができ，絵をかき始めた子供から絵をかくことで幸せを感じる大人まで幅広くその思いに応えることができる用具です。そして本書で主として扱うクレパスは，そのような世代を超えた幅広い表現の思いに応えることができるよう開発されました。

　本書は，造形表現や図画工作科の指導に携わっておられる先生方を対象にし，以下の2点を編集の方針と考えました。

1 技法書に留まらず，授業や保育づくりを楽しめること。
2 平成29年改訂学習指導要領及び教育要領等の目標や内容に準じること。

　それらを実現するために，基本的な技法を分かりやすく紹介し，表現の活動を通して広がったり深まったりする題材開発や授業づくりの流れを辿ることができる本にしようと考えました。
　大まかな内容を紹介します。

基礎編	基礎的な知識だけではなく先生が「クレパスってね」と子供たちにお話できる内容も取り入れました。
技法編	扱う方法を正確に紹介するとともに題材や授業への広がりまでを意図してつくりました。
実践編	この本のために現場で行われた実践です。【技法編】と【実践編】がリンクしていることが本書の特長です。
資料編	作品や学習指導要領からクレパスの指導を考える際に参考にできる情報を提供しています。

　本書を手に取られた先生方が「クレパスやコンテパステルの多様な可能性に触れ，その楽しさやよさ，表現の美しさを子供たちと共に味わいたい」「自分でも使って表現してみたい」と考えてくだされば幸いです。
　では一緒に，クレパスのじかんを。

この本の見方

年齢・学年
（活動時間）

活動の区分

活動のねらい

題材名と
題材の概要

事前準備

材料・用具

実践編 5・6学年（6〜8時間） 表したいことを基に表す 身近な場所から表したいことを見付け、経験や技能を生かして表す。

思い出を残す1枚

今まで過ごしてきた学校の中で、「思い出に残る」場所の造形的な特徴や親しみのある理由などを主題にして表す題材です。
児童が経験してきた材料や表現方法の特長を生かして表せるようにします。

材料・用具

クレパス，コンテパステル，絵の具用具，画用紙・黄ボール紙（四つ切り），木工用接着剤，ぼかし網，お花紙，新聞紙，デジタルカメラなど

事前準備

・学校の中で思い出に残っている場所について考えたり探したりするよう伝えておく。
・4人程度の班をつくっておく。

班でカメラを持ち，学校の思い出が残っている場所を撮影して回りながら，表したいことを見付ける。

絵の具でおおよその活動をして。

上から，クレパスでかき加えたりコンテパステルでぼかしたりする。表したい感じを強調することがねらい。

活動も思い出を感じることができる場所で。

幹のゴツゴツした感じを，クレパスとコンテパステルを重ねて表す。

「石像は学校のシンボル。ずっと一緒に遊んでいる感じを，好きなゴッホのぐるぐるとしたタッチで表した。」

ぐるぐる（四つ切り）

活動の展開
子供の活動内容

指導のポイント
活動の展開に沿った指導者の具体的な手立て

技法リンク
活動内で使われている技法ページの案内

活動の展開

1 学習のねらいと出会い、自分の「お気に入り」の場所を考える。

2 主題を意図し，表現方法を考えたり，試したりしながら表す。

指導のポイント

・「学校の『思い出に残したい』場所を見付けよう」「そこにはどんな形や色の特徴があるかな」「どんな材料や方法の工夫で表すことができるかな」と提案する。
・簡単なメモをしたり，デジタルカメラで撮影したりしながら，表す場所や構図などを考える時間を十分に取る。

・見付けた場所の「思い出に残る」理由，捉えた形や色の造形的な特徴，自分のイメージなどについて話し合う場を設ける。
・クレパスやコンテパステル，絵の具などの経験や技能を振り返り，表したいことに合わせて，どのような表し方ができるか考えたり試したりできるようにする。

| 134 | 技法リンク ▶▶ | 線描・面描 P.022 | 重色 P.024 | 混色 P.026 | 点描 P.030 | 消す・溶かす・ぼかす P.038 |

「実践編（P.044-143）」は，この本のために現場で行われた実践です。

具体的な展開を示しながら，要所ごとにその活動のポイントを紹介しています。

保育・授業の参考にしていただければ幸いです。

育てたい資質・能力	知・技	・思い出の場所を見付けたり表したりする自分の感覚や行為を通して，奥行きやバランス，色の鮮やかさなどを理解する。 ・表現方法に応じてクレパスやコンテパステル，絵の具用具，お花紙などの材料や基底材にする紙類などを活用する。 ・前年度までの材料や用具についての経験を総合的に生かしたり，表現方法を組み合わせたりして表し方を工夫して表す。
	思・判・表	・奥行きやバランス，色の鮮やかさなどを基に，自分のイメージをもつ。 ・思い出に残したい場所に感じたこと，想像したこと，見たことから表したいことを見付ける。 ・形や色，材料の特徴，構成の美しさなどの感じを考えながら，どのように主題を表すかについて考える。 ・自分たちの作品の造形的なよさや美しさ，意図や特徴などについて感じ取ったり考えたりし，自分の見方や感じ方を深める。
	学・人	・つくりだす喜びを味わい，思い出に残す場所を表現したり，鑑賞したりする学習活動に取り組もうとする。

育てたい資質・能力

「知・技（知識・技能）」
「思・判・表（思考力・判断力・表現力等）」
「学・人（学びに向かう力・人間性等）」の三つの柱で整理

「校舎の壁が年月を重ねて汚れた重々しい感じを，クレパスを塗り込んだり塗り重ねたりして表す。空の深い感じも表現している。」

「空は絵の具，枝はクレパスとコンテパステルで，葉はお花紙をちぎって貼った。目の前に広がる木の世界が表せた。」

かくれんぼの聖地（四つ切り）

学校への入口（四つ切り）

1日1日を過ごした教室（四つ切り）

「毎日を過ごした教室。みんなとのたくさんの思い出が詰まっている。教室に入るとほっとする気分をクレパスの柔らかな感じで表した。」

活動の流れと完成作品

3 材料や技能を生かし，表し方を工夫して表す。

- クレパスやコンテパステル，ぼかし網などの用具を必要に応じて使える環境にする。
- 互いの作品に気が付いたことを知らせ合えるよう，授業の始めや合間に自由に交流できる時間を設ける。

4 自分や友人の活動や作品のよさや美しさを感じ取る。

- 自分や友人が，どんな「思い出に残る」場所を表そうとしたか，そのためにどんな材料や方法の工夫をしたかを伝え合う場を設ける。
- ワークシートを配布し，話し合って感じたことや考えたことなどを書くよう促す。

活動を終えて　▶▶▶　児童が表したいことに合わせてクレパスやコンテパステルなどの特長を生かして活動していたか。

活動を終えて
指導者が振り返っておきたいポイント

135

目次

資料編

絵の具とクレパス

幼い頃から身近にあった，絵をかく材料について少し詳しく知りましょう。
そもそも「クレパス」って？ あの材料もこの材料も，
実は「絵の具」の仲間だったのです。

クレパスって何？

「クレパス」はサクラクレパスの登録商標です。

クレヨンの定着性のよさ，パステルの色の鮮やかさを兼ね備えた描画材料なので「クレヨン」の「クレ」，「パステル」の「パス」をとって「クレパス」と命名されました。

本書では「クレパス」と表記していますが，一般名称は「オイルパステル」。図画工作科の教科書などでは「パス」と表記されているものです。

描画材料をグループ分けすると，クレパスは絵の具の一種になります。

水や筆を使わず，手軽にそのままかけるよう棒状に固めたものなので，サクラクレパスでは「棒状絵の具」と呼んでいます。

同じ棒状絵の具の仲間には，クレヨンやコンテパステル（クレパスの仲間と違い ▶▶ P.010）があります。

絵の具の種類

絵の具	練状絵の具	水彩絵の具 —— 透明水彩・不透明水彩（ガッシュ・ポスターカラー）・半透明水彩	
		アクリル絵の具 —— アクリルカラー・アクリルガッシュ	
		油絵の具	
		版画絵の具 —— 油性版画絵の具・水性版画絵の具	
	固形絵の具	固型水彩絵の具	
	粉状絵の具	こなえのぐ	
	棒状絵の具	クレパス	
		クレヨン	
		コンテパステル	
	色鉛筆	色鉛筆	
		水彩色鉛筆	

絵の具の組成

描画材料は，主に色をつける働きの成分「着色材」と，
それを紙などに接着する働きの成分「展色材」によってできています。
絵の具の着色材は「顔料」です。
展色材が変わることで，絵の具の種類が変わります。（**描画材料の組成** ▶▶ P.155 ）

着色材
画面上で
色を表現する成分

顔料

\+

展色材
着色材を画面に
接着する成分

※画像は一例です。

**オイル，ロウ，
水溶性樹脂など**

→

描画材料

絵の具

練状絵の具

水彩絵の具

アクリル絵の具

油絵の具

版画絵の具

固形絵の具

固形水彩絵の具

粉状絵の具

こなえのぐ

棒状絵の具

クレパス

クレヨン

コンテパステル

色鉛筆

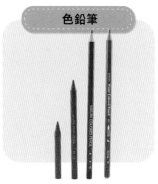

クレパスの仲間と違い

水や筆を使わず，手軽にそのままかける「棒状絵の具」の中でも，
適した用途やかいたときの質感はそれぞれで異なります。
それぞれの違いや特徴について知りましょう。

クレパスとクレヨンの違い

クレパスとクレヨンの違いは，基本的には組成の違いにあります。

ほとんど同じ原材料が使われていますが，その含有量の差によって，適した用途やかいたり塗ったりしたときの質感，風合いなどが異なります。（**線描・面描** ▶▶ P.022）

クレヨンは，クレパスよりやや硬めの線描に適した描画材料です。濃淡や強弱のない均質な線がかけるので，クロッキーやスケッチなどの素描作品や，線で表現することが主になる低年齢児の使用などに適しています。

クレパスは，クレヨンより軟らかく伸びがよいため，線描だけでなく面描にも適しています。べっとりと厚塗りできるので，重色や混色，ステンシルやスクラッチなど，様々な技法を使って幅広い表現ができます。

クレパス

クレヨン

コンテパステルって何？

「コンテパステル」は「クレパス」同様，サクラクレパスの商品名です。

色の伸びがよい「パステル」と，折れにくく強度のある「コンテ」の長所を掛け合わせた，細かい線描やソフトな面描が自由にできる描画材料です。

クレパスやクレヨンと同じ棒状絵の具ですが，クレパスやクレヨンよりも粘性が弱く，さらっとした質感の描画材料です。そのため，かいただけでは定着せず，コンテとめ液の使用が必要になります。
（**作品の保存** ▶▶ P.020）

コンテパステル

棒状絵の具の違いと特徴

	クレパス	クレヨン	コンテパステル
特長	幅広い描画表現ができる	塗りカスが出にくく汚れにくい	水で溶かす・消しゴムで消すなどができる
硬さ	軟らかい	やや硬い	硬い
用途 — 線描	○	◎	◎
用途 — 面描	◎	○	○
用途 — 混色	◎	○	○
用途 — 重色	◎	○	×
組成 — 顔料 — 着色顔料	●	●	●
組成 — 顔料 — 体質顔料	●		
組成 — 展色材 — 固形ワックス	●	●	
組成 — 展色材 — 液体油	●		
組成 — 展色材 — 結合剤			●

棒状絵の具の品質の特徴

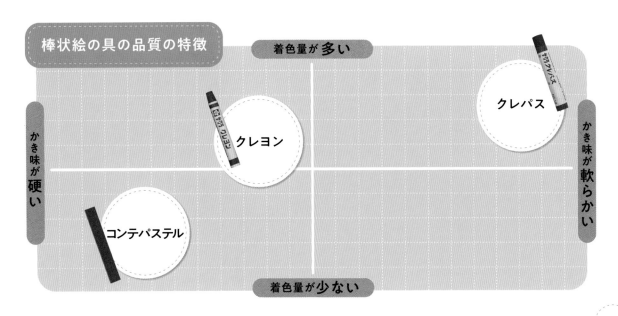

着色量が多い

かき味が硬い

かき味が軟らかい

着色量が少ない

クレヨン

クレパス

コンテパステル

クレパスの色

「色の三属性（色相・明度・彩度）」や「色の三原色」など，
色の基本について知りましょう。

色の三属性（色相・明度・彩度）

色相とは「赤」「黄」「青」のような色みのことです。
徐々に変化していく色相を円形に並べたものを「色相環」といいます。

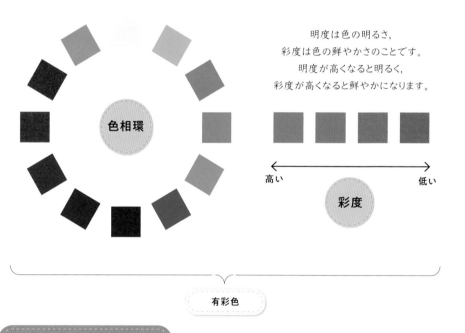

明度は色の明るさ，
彩度は色の鮮やかさのことです。
明度が高くなると明るく，
彩度が高くなると鮮やかになります。

色相環

高い　　　　　　　低い

彩度

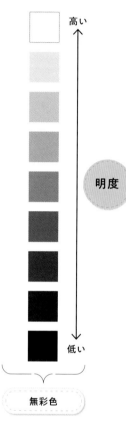

高い

明度

低い

有彩色

無彩色

混色

異なる色同士を混ぜることを混色といいます。

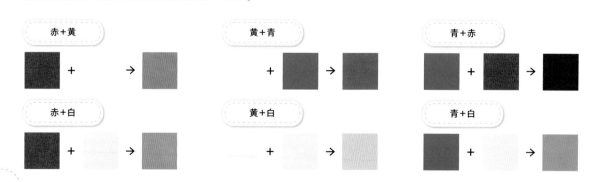

赤+黄　　　　　黄+青　　　　　青+赤

赤+白　　　　　黄+白　　　　　青+白

色の三原色

赤, 黄, 青の3色が色の基本です。
色と色を混ぜてもつくることのできない, 赤, 黄, 青の3色のことを
三原色といいます。三原色を混ぜることて様々な色をつくることができます。

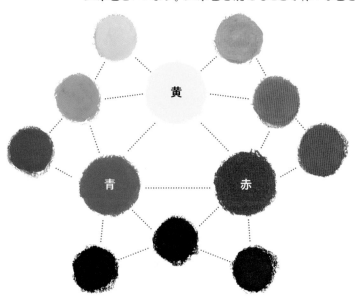

クレパスの並び順

左から, 赤をはじめとする有彩色が色相環順に, 次いで色相環外の有彩色,
最後に無彩色が並んでいます。

16色セット

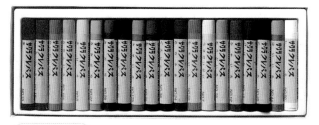

20色セット

24色セット

ケース蓋の裏側には
並び順が
書かれています。

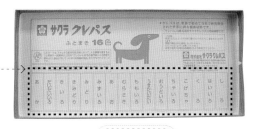

ケース蓋の裏側

ケース内の汚れや
色の混ざりを起こりにくくするために,
使い終わった後は
元の場所に戻すようにしましょう。

(扱い方のポイント ▶▶ P.016)

クレパスの持ち方

よい持ち方は一つではありません。
表したいようにかけた時や塗れた時の持ち方が，よい持ち方です。
いろいろな持ち方で，どんなかき方や塗り方ができるかを試してみましょう。

持ち方の例

いろいろな持ち方や使い方は，
いろいろな表し方につながります。

いろいろな向きに動かせたり,力の加減をしやすいので,
初めに教えられることが多い。

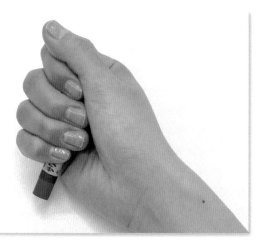

手のひら全体で握って持つ。
力を入れやすく,塗り込みや,塗り重ねができる。

幅広い線をかいたり,面を塗ったりできる。
弱い力で持てるので,均一に塗れる。

クレパスを初めて持つときには……

いろいろな持ち方があらわれます。
まずは子供が持ちやすい持ち方から始めてみましょう。

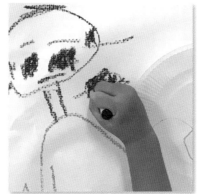

巻紙を剥がし, 二つ折りにして使う

短くしたクレパスの側面を使うと,
均一に塗り込みやすくなります。

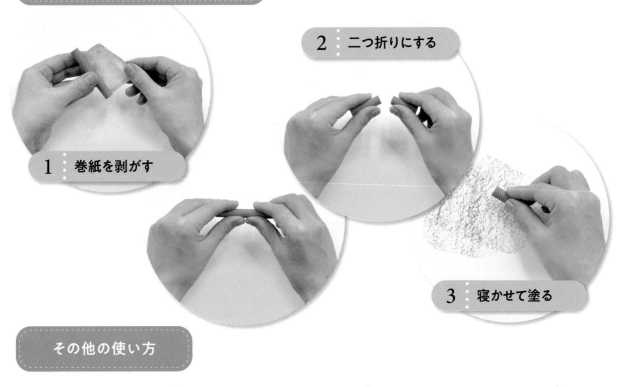

1 巻紙を剥がす

2 二つ折りにする

3 寝かせて塗る

その他の使い方

回してかく。

回しながら線をかく。

2色を重ねてかく。

扱い方のポイント

クレパスを快適に長く使うための扱い方のポイントや，
知っておくと役立つ汚れの落とし方，誤飲・誤食の場合についてまとめました。

色を濁らせないために

別の色が先端についた場合は，柔らかい布やティッシュペーパーなどで拭き取りましょう。

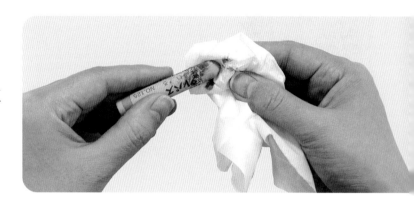

使用後の片付け

それぞれの色を元の場所に戻すと，
ケース内の汚れや色の混ざりが起こりにくくなります。
落としても散らばらないよう，
蓋はゴムバンドで留めておきましょう。

新学期の準備

巻紙が劣化した場合には，いろがみやセロハンテープ，マスキングテープを巻いておくのもおすすめです。
立ててかくことが難しい短さになったものは面描用にするとよいでしょう。

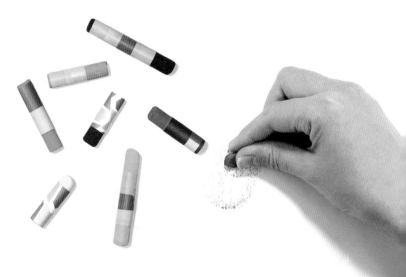

汚れの落とし方

手指やテーブル，ケースなどについた汚れは
ベビーオイルやクレンジングオイルで拭き取るこ
とができます。

クレパスや紙箱に入った仕切りケースについ
た汚れもきれいに落とすことができます。

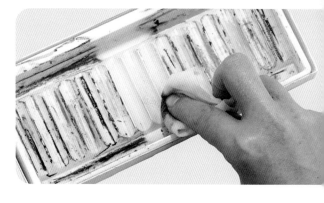

 ▶▶

対象物	汚れの落とし方	落ち具合
ガラス 金属 プラスチック	①灯油を布にしみ込ませ，汚れた部分を拭く。 ②乾いた布で乾拭きする。 ※事前にあまり目立たないところで材質に変化が起きないかどうか確認してください。	○ ほぼ完全に落ちる
衣類 （木綿）	①クレンジングオイルで汚れを浮かせて拭き取る。 ②少し熱めのお湯（40〜50℃）に汚れた部分をひたす。 ③汚れた部分にアルカリ石けんをつけ，固めの歯ブラシでこする。 ④2と3を繰り返し，最後に水ですすぐ。	△ 完全には落ちない ※多少色が残る
家具 （白木を除く）	①乾いた布で乾拭きを繰り返す。 （歯ブラシに歯磨き粉をつけて軽くこすり，強く絞った濡れ雑巾で拭き取るのも有効）	△ 木目などに残る場合がある

誤飲・誤食の場合

サクラクレパスのクレパス・クレヨンには有害
なものは規制値以上含まれていないため，多
少の誤食であれば，特別心配は要りません。

ただ，口の中に後味が残らないよう，よくうが
いをしてください。うがいができない場合は，濡
れタオルなどで口の中を拭いてあげましょう。

その後，様子を見ていただき，おかしいと感
じた場合には医師に相談してください。

安全性を示すマーク

AP
Conforms to
ASTM D 4236

アメリカで画材の安全性において，人の健康を害
するような原料が一定基準以上含まれていない
と毒物学者による評価で認められた製品に対し
てACMI（米国画材協会）から付与されるマーク

クレパス豆知識

クレパスにもっと親しみを感じてもらえるよう,
クレパスにまつわるちょっとした豆知識を集めてみました。
授業・保育の合間,ぜひ子供たちにも話してみてください。

色の重さ

クレパスやクレヨンなど,絵の具の着色材「顔料」(▶▶ P.009)は,色によって重さが異なります。

白っぽい色は重く,黒っぽい色は軽くできているので,白と黒,実際に持って比べてみましょう。

水彩絵の具のチューブなどももちろん同じように違います。

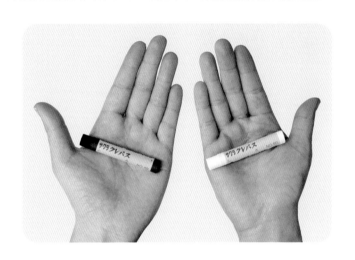

夏用クレパス・冬用クレパス

発売当初のクレパスは寒暑の影響を受けやすく,夏には暑さで溶けてしまい,冬には寒さで硬くなり,四季を通じて使うことができないものでした。

そこで,液体油の成分や分量を変え,「かたい・夏用」と「やわらかい・冬用」の2種類が販売されていました。(**クレパスの歴史** ▶▶ P.153)

さくらクレパスの唄

昭和33年に三木鶏郎の作詞・作曲で「さくらクレパスの唄」がつくられました。よみうりTVでCM初放映され,同時期に朝日放送でもオンエアされました。

その後,全国を回るクレパス宣伝カーが取り付けたスピーカーから「さくらクレパスの唄」を流しながら走っていました。

さくらクレパスの唄

作詞作曲 三木鶏郎

クレパスは約80度で溶けだします。溶かして固め直すことで
再利用したりオリジナルのクレパスをつくったりすることができます。

小さくなったクレパスを
シリコーン型や
アルミカップに入れて……

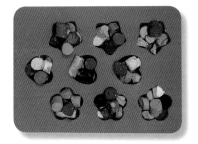 

ラミネート加工すると……

▼ ▼

湯煎で溶かして固め直したもの。

熱で溶け,色と色の境界が混ざったり
薄いところや細かい筆跡が消えたりする。

クレパスのつくり方

1 原料を混ぜる

クレパスの原料,顔料
とオイルとロウを温め
ながらよく混ぜ合わせ
る。

2 すりつぶす

よく混ぜた原料を3本
ロールですりつぶす。

3 形を整える

すりつぶした原料を型
に流し込み,形を整える。

4 巻紙を巻く

 ▶▶ ▶▶ ▶▶

型に流し込む　形を整える　型から押し出す　巻紙を巻いて,でき上がり。

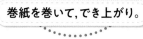

※クレパス製造工程の動画ページが開きます。

作品の保存

クレパスは水彩絵の具のように乾いたり油絵の具のように固まったりせず,
コンテパステルもかいただけでは画面に定着しません。
色移りを防止し,作品をきれいな状態で保存する方法を紹介します。

クレパスワニスとコンテとめ液

「クレパスワニス」は1本で四つ切り画用紙30枚,
「コンテとめ液」は45枚程度に使用できます。
「コンテとめ液」は鉛筆や,色鉛筆にも使用できます。

クレパスを画面に定着させる「クレパスワニス」には制作途中用の「テクニカルコート」と
作品完成後用の「フィニッシュコート」がある。画面より30cmの距離から,
液が流れない程度に均一に吹きつける。乾燥後(およそ2分後),色移りを防ぐ。

クレパスワニス

コンテとめ液

コンテパステルは画面に定着しないため,「コンテとめ液」を使用する。
画面より30cmの距離から,液が流れない程度に均一に吹きつける。
吹きつける量は,画用紙の裏に液が少しにじむ程度が目安。

新聞紙の活用

定着液を使用しない場合には，作品と作品の間に古新聞を挟むなど，色移り防止の工夫が必要です。

✕

定着液なしで作品同士を直接重ねると上の作品の裏面に色が移ってしまう。

▶▶

〇

作品と作品の間に新聞紙を挟む。

ベビーパウダーの活用

クレパスで塗った上からベビーパウダーをすり込むと膜ができ，触っても手につきにくくなります。

クレパスを塗った上に少量のベビーパウダーを乗せる。

白くなくなるまですり込む。

※この時，力強くすり込むと色が混ざってしまうため力加減に注意する。

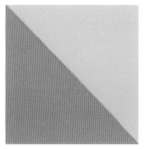

ベビーパウダーなし

ベビーパウダーあり

ベビーパウダーをすり込んだ場合，少し白く，ツヤツヤした質感の見た目に変わる。クレパスのマットな質感を生かしたい場合には向かない。

手袋の活用

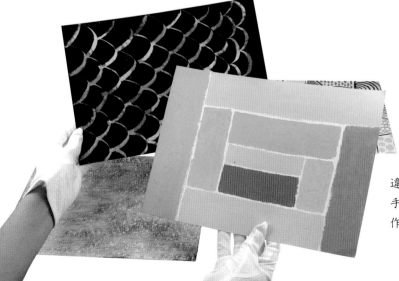

違う作品を一度にたくさん手にする場合，手袋をすると，クレパスが手につきにくくなり，作品の色移りも避けることができます。

線描・面描（線をかく・面を塗る）

同じようにかいたり塗ったりしても，質感や風合いはそれぞれの描画材料で異なります。表したいことに合わせて使い分けられるよう，いずれも使ってみましょう。紙の上での滑らかさや発色の違いを感じておくことが活動の役に立ちます。（**クレパスの仲間と違い** ▶▶ P.010 ）

線のかき比べ

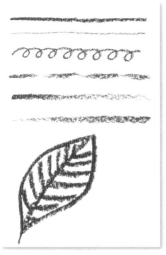

クレパス

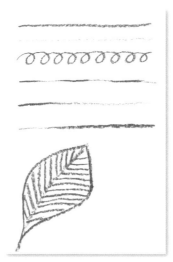

クレヨン

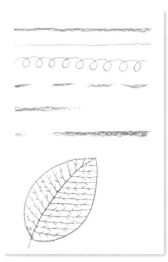

コンテパステル

面の塗り比べ

クレパス

クレヨン

コンテパステル

かいたときの粗さや細かさ，表面の感じが異なる。

こんなこともできるね

クレパスを塗り込む。

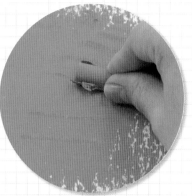

巻紙を剥がし、二つ折りにしたものや
短くなったものを寝かせて塗る。(▶▶ P.015)

白い部分がなくなるように、
出てきたカスも塗り込んでいく。

均一に塗れたら完成。

実践リンク

「ロケットをしましまの模様にした。周りには星や
土星がたくさんあるよ。」(四つ切り)　▶▶ P.055

ジャングルのカラオケ (四つ切り)　▶▶ P.085

なぞの生き物いっぱいいる!(四つ切り)　▶▶ P.087

ハチャメチャ四つの国 (全紙)　▶▶ P.097

重色（色を重ねる）

先に塗った色の上に別の色を重ねて塗り，元の色とは違った色をつくります。
下地の色を覆い隠したり，下地の色を生かして色に深みを出したりすることができます。
スクラッチ（▶▶ P.032）などに用いられます。

下の層の色を塗る。

下の層の色と混ざってしまう場合，
クレパスワニス（▶▶ P.20）をスプレーする。

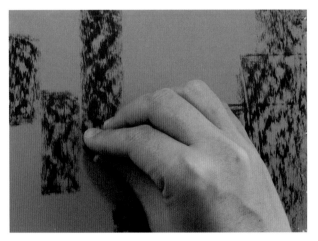

下の層を覆い隠すように，
上の層の色を塗り重ねる。

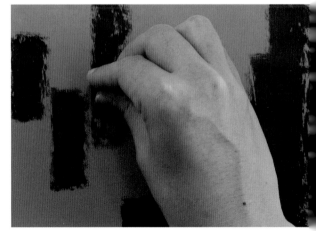

塗り込む。

上の層と下の層の色が混ざってしまう場合には，クレパスワニスを使用すると重色しやすくなる。
スプレーが必要かどうかは余分の紙などで試しておくとよい。

こんなこともできるね

色を重ねる順番を変える。

青の上から
水色を重ねた場合

水色の上から
青を重ねた場合

絵の具の上からかく。

版で表した画面に
クレパスでかく。

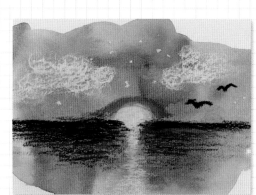

水彩絵の具で
濃淡やにじみをつくり，
その上から
クレパスで重ねる。

実践リンク

とてもきれいなおんせん (四つ切り) ▶▶ P.109

光, 草, 水, 宇宙 !! (八つ切り) ▶▶ P.123

こいとこいのぼり (40.5×39.8cm) ▶▶ P.127

1年生から今まで通った大切な校舎 (四つ切り) ▶▶ P.131

混色（色を混ぜる）

2色以上の色を混ぜ合わせ，元の色とは違った色をつくりだします。
指で伸ばしたり，ぼかしたり，様々な方法を試してみましょう。

色を塗った上から
別の色を塗って混ぜる。

複数本を束ねて持ち，往復させたり，
クルクルと回したりしながら混ぜる。

色を塗り，色と色の間を指で
こすり広げながら混ぜる。

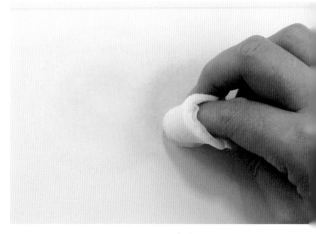

コットンなどに色をつけ，
軽く画面に塗りつけながら混ぜる。

例えば，黄と赤，水色と青などの組合せで，明るい色と暗い色のどちらを先に塗るかによって
混ざる感じも変わる。試しながら表したいことに合わせて使う。

こんなこともできるね　画面外で混色する。

粘土板など、非吸収面に
クレパスを塗って練状にする。

粘土べらなど
平らな形状のものでかき取る。

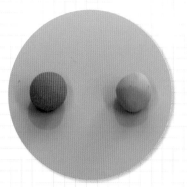
かき取ったもので
色の塊を2つつくる。

2色を練って混ぜ合わせる。

新しい色ができる。

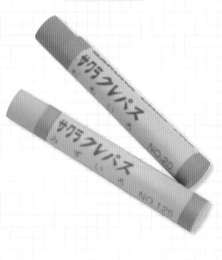

実践リンク

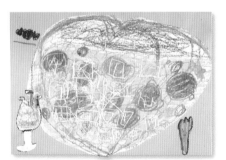
スペシャルピザ（八つ切り）　▶▶ P.079

おたからコレクション（八つ切り）　▶▶ P.093

学校への入口（四つ切り）　▶▶ P.135

不思議な宇宙（八つ切り）　▶▶ P.136

切ってつくる型のシャープな感じとクレパスの軟らかい感じ。組合せでどんな感じができるかな。

ステンシル（型抜き）

切り抜いた型紙の型を使って表す技法です。
型の内側も外側も，どちらも型紙として使用できます。
型の内側を塗り込む，縁に塗った色を伸ばすなどの方法があります。

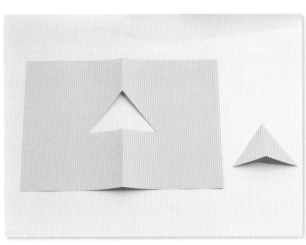

型紙を切り抜く。
切り抜いた内側の型も置いておく。

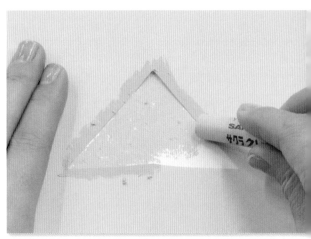

外側の型紙を画用紙の上に置き，
内側を塗り込む。

外側の型紙の縁をクレパスでなぞり，
指で内側に伸ばす。

内側の型紙の縁をクレパスでなぞり，
指で外側に伸ばす。

使いたい色をしっかり塗り込んで伸ばしたり，色が定着しづらいコート紙などのつるつるした紙を型紙に使用したりするとよく伸びる。1つの型紙で何かの形を表すよりも，型の組合せで表す方が表現が広がる。

こんなこともできるね

型紙を置いた上から
ぼかし網などでコンテパステルを削る。

ティッシュペーパーやガーゼを使って
型紙の内側を塗る。

いろいろな型紙をつくり，
色や模様の組合せで黒い画用紙に表す。

型紙の内側に点描（▶▶ P.030）で。

実践リンク

輝きつづける外の世界（20×24cm）　▶▶ P.117

夜空に重なるオーロラ（八つ切り）　▶▶ P.119

点描（点でかく）

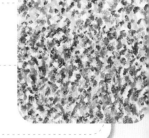

たくさんの点を集めると，線や面になったり，不思議な奥行きを感じたりします。
点をかく強さや点の大きさ，粗密，色の組合せなどが工夫できます。
点描による表現は色が鮮やかに見えることが特徴です。

かき比べ

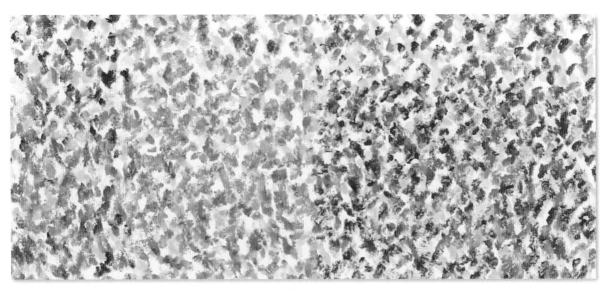

クレパス

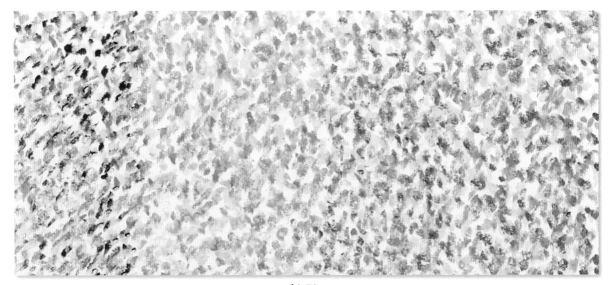

クレヨン

同じ色だけではなく，似た色の組合せや反対に近い性質（補色に近い関係）の色の組合せで表す。
軟らかいクレパスで強く点をかくと，鮮やかな色に表すことができる。

こんなこともできるね

立体感を表す。

奥行きを表す。

複数色を立ててかく。

力強く。

軽く。

  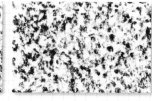

明暗を表す。

実践リンク

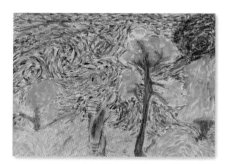

ぐるぐる（四つ切り）　▶▶ P.134

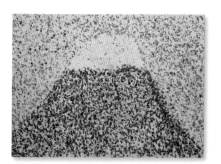

スーラ風　富士山（八つ切り）　▶▶ P.137

塗って，重ねて，引っかいて。どんな模様ができるかな。

スクラッチ （引っかく）

クレパスは塗ったところを引っかいたり，剥がしたりして模様をつくることができます。
明るめの色で下地をつくり，上から暗い色で塗りつぶすと，
剥がした部分から下地の色があらわれます。（重色 ▶▶ P.024）

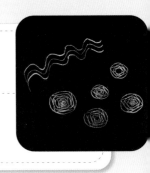

スクラッチをする部分に，
クレパスで色を塗り込む。

上から黒のクレパスで
全体を塗りつぶす。

黒く塗ったところを先の尖った用具で
引っかいて剥がす。

引っかいたところの
下の色があらわれる。

用具の先が尖りすぎていると，下の色まで剥がしてしまう。
硬めで先がやや丸まっている用具が スクラッチには向いている。

こんなこともできるね

いろんな用具で引っかいてみる。

フォーク

太めの竹串

粘土べら

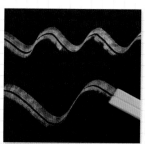
割り箸

クレパスワニス（▶▶ P.020）をスプレーすると，
クレパスが画面に定着し，明るい色でも覆いやすくなる。

アクリル絵の具なら明るい色でも
簡単に覆うことができる。

実践リンク

いろいろなおばけたち（40×40cm）　▶▶ P.077

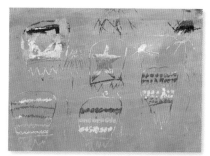
花火といっしょにドーン（八つ切り）　▶▶ P.105

地球の世界（19×19cm）　▶▶ P.133

「削る道具や削り方を変えて
いろいろな模様ができた。」（八つ切り）　▶▶ P.143

フロッタージュ （こすり出す）

でこぼこしたものの上に，コピー用紙やトレーシングペーパーなどの薄い紙を乗せ，
上からクレパスやクレヨン，コンテパステルで軽くこすると
でこぼこの模様を写し取ることができます。

塗り比べ

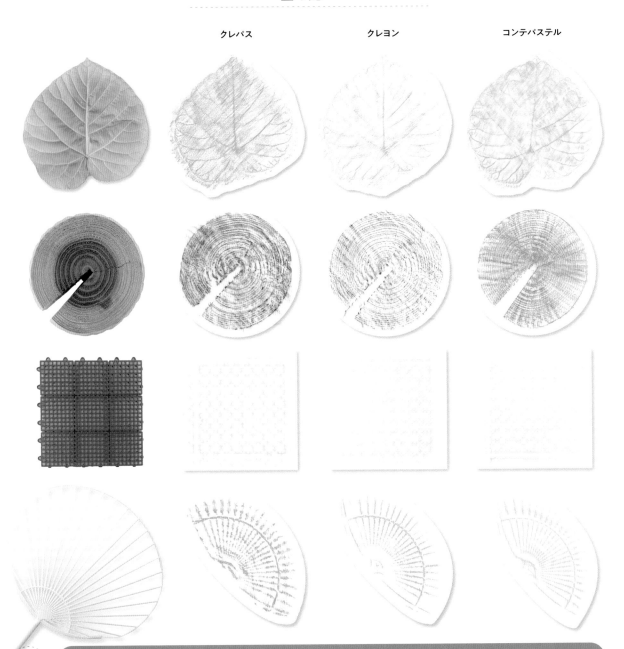

クレパス　　　　　　　クレヨン　　　　　コンテパステル

クレパスよりクレヨン，クレヨンよりコンテパステルと，
硬いものほど細かい模様や小さなでこぼこまで，よりくっきりとこすり出すことができる。

こんなこともできるね

こすり出すものや場所, 色を変えて。

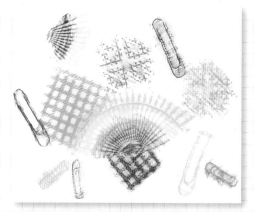

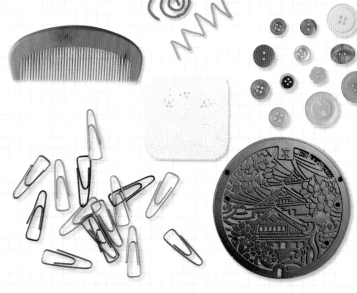

白色のクレパスで好きな模様をこすり出し, 上から絵の具を塗って。 （バチック ▶▶ P.036 ）

実践リンク

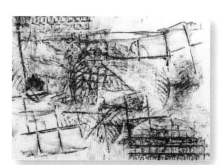

「1枚の中にいろんな模様を集めたよ。」 ▶▶ P.053

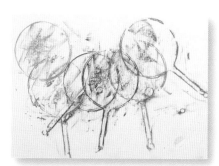

「同じ形でも色を変えると
素敵な模様ができるよ。」 ▶▶ P.053

きらきらかわいいはた (B4) ▶▶ P.067

かわいいきょうりゅう (39×54.2cm) ▶▶ P.071

バチック（はじく）

クレパスやクレヨンでかいた上から薄めに溶いた水彩絵の具を塗り重ねると，
クレパスやクレヨンに含まれるロウやオイルが水彩絵の具をはじきます。

（描画材料の組成 ▶▶ P.155）

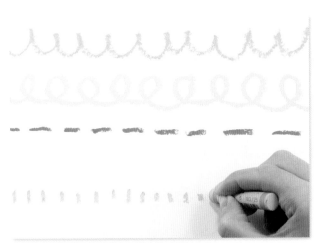

クレパスやクレヨンでかく。

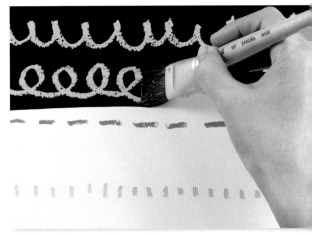

かいた上から
水彩絵の具で色を塗る。

かき比べ

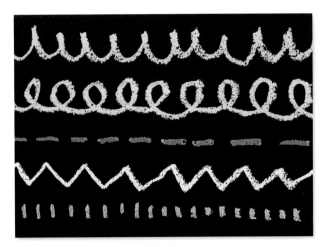

クレパス

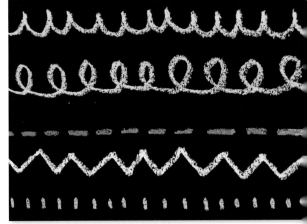

クレヨン

水彩絵の具は薄めに溶き，クレパスやクレヨンは強く塗り込むと，しっかりはじく。
絵の具はクレパスやクレヨンを塗っていない部分につく。

こんなこともできるね

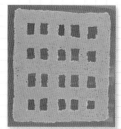

絵の具の濃さを
変えて。

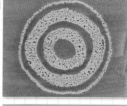

複数の色を組み合わせて。

クレパスやクレヨンの
塗り込む強さを変えて。

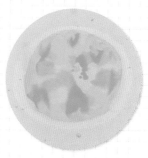

白のクレパスで
周りの線をかき,
内側を水で濡らす。

濡らした部分に
別の筆で軽く叩いて
絵の具を落とす。

上から別の色の
絵の具を垂らし,
にじませる。

実践リンク

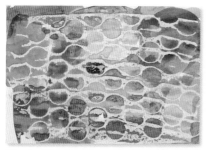

「色と色が組み合わさっていき, クレパスも
浮かび上がり, 面白い模様になるよ。」 ▶▶ P.053

「クレパスが絵の具をはじくことを使って, 星や雪をクレ
パスで表し, 背景を絵の具で塗っている。」(四つ切り) ▶▶ P.089

みんな喜ぶスイーツタワー (54×30cm) ▶▶ P.095

消す・溶かす・ぼかす

コンテパステルは，水で溶かしたり消しゴムで消したり，ぼかしたり，
様々な表し方ができます。
コンテパステルならではの柔らかい色合いを楽しみましょう。

画用紙の上で，
粉状にしたコンテパステルを水で溶かす。

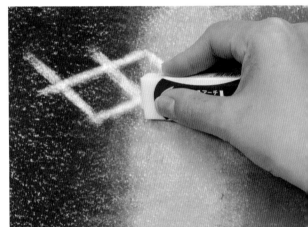

塗った面を消しゴムで消す。
複数回こすると，だんだん白くなっていく。

指やティッシュでこすってぼかす。
色と色の間をこすると混色もできる。

絵の具を塗った上からかく。
指でぼかすことで表現が広がる。

コンテパステルは画用紙に定着しないため，コンテとめ液での定着が必要となる。（作品の保存 ▶▶ P.020）

こんなこともできるね

コンテパステルをぼかし網などで
削って粉状にする。

コットンなどにつけて着色する。
(粉をそのまま画用紙に置いてもよい。)

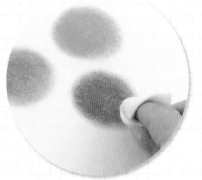

直接かくよりも境界がぼやけ,
柔らかい印象の着色ができる。

溶かす　　　　　　　　　ぼかす

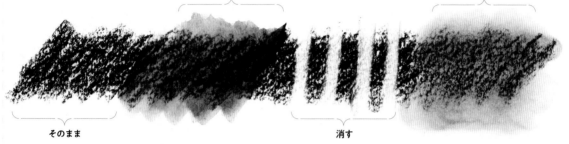

そのまま　　　　　　　　消す

実践リンク

ふしぎなかたちのおしろ (四つ切り) ▶▶ P.115

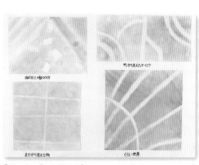

「同じ色ばかり使わず, いろいろな色を
使うようにした。」(四つ切り) ▶▶ P.121

春と冬 (八つ切り)　　▶▶ P.125

かくれんぼの聖地 (四つ切り)　　▶▶ P.135

浮かび上がらせる

クレパスの粘りとコンテパステルのさらっとした質感を生かした表し方です。
コンテパステルを複数色使うと，画用紙を振るった時の色の混ざりも楽しめます。

白のクレパスでかく。

上からぼかし網でコンテパステルを削り，
クレパスの筆跡の上に粉を落とす。

※粉が飛んで机を汚さないよう，箱やバットを使用するとよい。

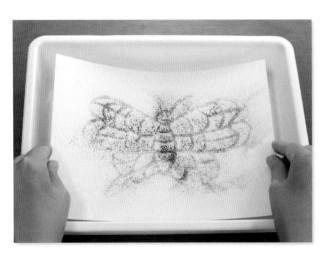

画用紙を水平にゆっくり振るう。

クレパスの筆跡にコンテパステルの粉が付着し，
絵が浮かび上がる。

コンテパステルは多めに削った方が粉がよくつき，発色がよくなる。

マーブリング（色流し）

水面にコンテパステルの粉を落としてできる模様を紙の表面に写し取る技法です。
墨や専用の絵の具（彩液）を使った方法が一般的 ですが、
コンテパステルでも手軽に美しい模様をつくることができます。

水を張ったバットの上からぼかし網でコンテパステルを削り、
水面に粉を落とす。

大きく円をえがくように
割り箸などで軽く混ぜる。

水面に画用紙をそっと乗せる。

水面から画用紙を持ち上げる。

マーブリングの場合，一見定着して見えるが，乾燥後には粉が落ちる。
他の技法と同様，コンテとめ液での定着が必要になる。（作品の保存▶▶ P.020）

画用紙以外のどんな素材にかけるかな。どんな風合いになるかな。

いろいろな素材にかく

クレパスは紙以外にもいろいろな材料にかいたり塗ったりすることができます。
材料がもつ感じとクレパスの色の感じの組合せで特徴のある表現ができます。
材料の触感を楽しみながら使いましょう。

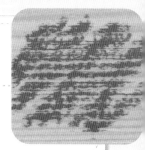

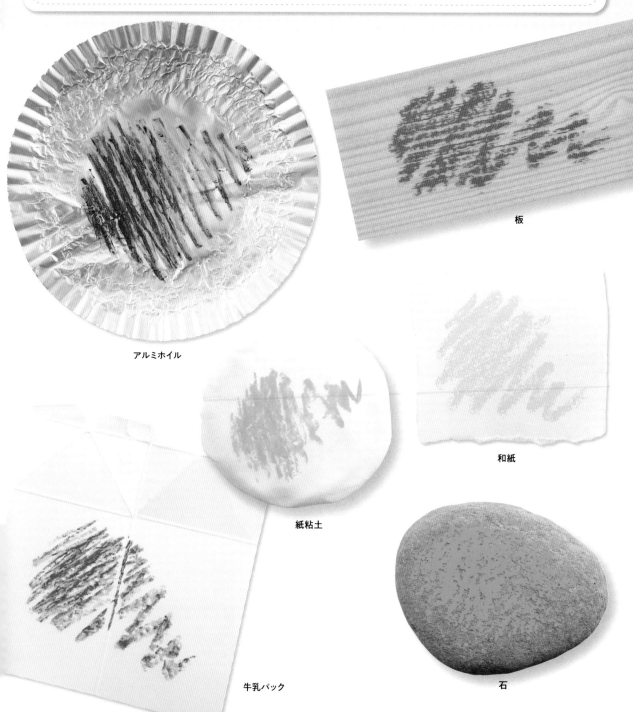

板

アルミホイル

和紙

紙粘土

石

牛乳パック

プラスチックのような表面が滑らかな材料の表面にはつきにくい。フェルトは柔らかく
クレパスの動かし方にも工夫が要るが，柔らかな風合いができ，段ボールでは段の模様ができる。

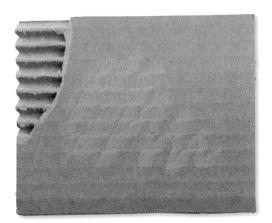

段ボール

黄ボール紙

クラフト紙

フェルト

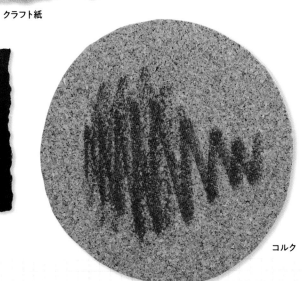

コルク

黒画用紙

実践リンク

お花畑

▶▶ P.059

ふくろう　おじさん（16×10cm）

▶▶ P.073

「とても元気がよくて、ちょっとあばれんぼう。」

▶▶ P.075

初めてのクレパス　すてきなキャンディー

初めてクレパスに出会う子供たちがクレパスに馴染むための活動です。
クレパスの色からキャンディーの味や形を想像しながら表します。

材料・用具

クレパス，画用紙（八つ切り，キャンディーの包みや入れ物などの様々な形に切ったもの）

事前準備

・イメージしやすいように画用紙をキャンディーの包みや入れ物に見立てて切っておく。

ペープサートのあおくん，ももちゃんと
クレパスを使う時の大切な約束をする。

「この色は何味かな？」と
子供たちに問い掛ける。

「どの入れ物に
しようかな？」
好きな入れ物を
自分で選ぶ。

おいしそうなキャンディーがいっぱい。

活動の展開

1 クレパスのあおくん，ももちゃんと約束をする。

指導のポイント

- ペープサートを使って，子供たちに問い掛けながら，初めてのクレパスに期待がもてるようにする。
- 「口に入れない」「約束したところ（今回は画用紙）以外にはかかない」「使った後はケースに戻す」など，クレパスを使う時の約束事を伝える。

2 「この色は何味かな？」と問い掛け，イメージをもてるようにする。

- ペープサートで色と味のつながりを問い掛けながら一緒に想像し，クレパスの色からキャンディーのイメージがもてるようにする。
- おいしいキャンディーにする期待が膨らむよう，クレパスの線，形や色をしっかりかくよう声を掛ける。

育てたい資質・能力		
知・技	クレパスの様々な色の違いや, キャンディーの色や味とのつながりに気付く。
思・判・表	クレパスの線や色に思いをもち, キャンディーの味や形などを想像しながら表す。
学・人	キャンディーの味や形, 大きさを表すことを楽しむ。

「見て見て！
おいしそうでしょ？」

「これはイチゴで,
こっちはブドウ。
黒いのはコーラだよ。」

小さい
キャンディーが
いっぱい。
色とりどりの
クレパスは
どんな味に
変身したのかな？

「クレパスって楽しい！」
夢中で塗り込む。

3 画用紙の入れ物を選び, キャンディーを入れるようにかく。

- 準備していたキャンディーの包みや入れ物の形の画用紙を提示し, 自分で選ぶよう促す。
- 入れ物を持って座るよう促し, 活動を楽しみ意欲をもてるよう「どんなキャンディーを入れようかな」「いくつ入るかな」など声を掛ける。

4 キャンディーを表すことを楽しんだり, 表したキャンディーを紹介し合ったりする。

- 活動を楽しめるよう, 色の指定はせず, クレパスの線の伸びや選んだ色のよさなどを取り上げて声を掛ける。
- どんなキャンディーをかいたのかを聞き, その思いに共感することで, 次回のクレパス活動にも意欲がもてるようにする。

活動を終えて ▶ ▶ ▶ イメージしたキャンディーを表しながら, クレパスを使うことに慣れることができたか。

クレパスのおさんぽ

模造紙の上に貼ったいろいろな感じの紙をたどりながら，
クレパスでお散歩するようにかきます。
伸び伸びと思いきり大きく表す楽しさを体全体で感じられるようにします。

材料・用具

クレパス，模造紙，紙皿，片面段ボール，ホイル紙，色画用紙

事前準備

・紙皿や，様々な形に切った片面段ボール，ホイル紙，色画用紙
などを適当な間隔をあけて貼った模造紙を，教室の床に置いた
り，壁に貼ったりしておく。

教室が大変身！（事前準備）

形からイメージして顔をかいたり
色を塗ったり……

初めにみんなでお散歩。
「いろいろな感じの紙があるね！」

「ガタンゴトーン！」電車ごっこが始まった。
ガタガタする線から想像している。

「ごろーん」寝転ぶと，
体全体でかいている感じがする。

活動の展開

1 いろいろな感じの紙をたどることができるように準備した教室と出会う。

指導のポイント

- 変身した教室を見せ，子供の期待が高まるよう「今日はクレパスでお散歩するよ」と声を掛ける。
- どんなところをお散歩するか知るために，初めに模造紙に貼った紙皿や段ボール板などを見たり触ったりする場を設ける。

2 クレパスでいろいろな感じをたどりながら，お散歩する。

- 体全体を使って活動できるよう，紙の上に思いのままにかくことを伝え，好きな色のクレパスを持ってお散歩する。
- 模造紙など紙の上をお散歩するため，怪我や危険のないよう，走らず歩くことを伝え，楽しく安全に活動できるようにする。

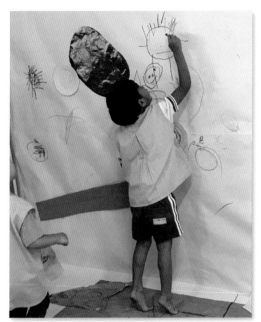

思い付いたことを
体全体を働かせてかく。

線をかきながら,
思い付いたことも
かき足す。

友達と一緒にかく。

紙の形に合わせて塗り込む。

「あー楽しかった!」終わった後の教室の様子。

3 いろいろな表面の違いを感じ, 楽しむ。

- いろいろな紙の感じをたどりながら, クレパスの色を替えてもよいことを伝える。
- かいた線をたどりながら, 思い付いた人や乗り物などをかき足すことも認める。

4 お散歩してできた形や 思い付いたことなどを振り返る。

- 様々な形や質感の紙にかくことで, いつもとは少し違うクレパスの線が生まれる。
- クレパスの線や絵が教室いっぱいに広がるよう, 子供たちのつぶやきに耳を傾け, 共感し, 活動がより楽しくなるようにする。

活動を終えて ▶▶▶ 体全体を使っていろいろな紙の形や表面の感じをたどったり, かいたりすることを楽しめたか。

そらまめくんがふわふわのベッドで
遊んでいる様子を想像して絵に表す。

そらまめくんのベッド

『そらまめくんのベッド』の絵本を基に，そらまめくんが，ベッドでどんなことを
しているかをイメージして絵に表す題材です。実際にそらまめのさやをむくことで，
形，色，手触りなどの特徴に気付いて表せるようにします。

材料・用具

クレパス（黄緑，緑，黒），画用紙（四つ切り），
そらまめ（一人一莢），なかやみわ『そらまめくんのベッド』（福
音館書店，1999）

事前準備

・普段から『そらまめくんのベッド』の絵本を読み，親しみをもつ。
・実物のそらまめを用意する。
・絵本に登場するそらまめくんのペープサートを準備する。

そらまめをむくと……

「そらまめくんのベッド，
白くてふわふわしてる！」

そらまめを近くに置き，
そらまめくんのベッドを
感じたままかいている。

さやをむくと，
「そらまめくんが
出てきたよ！」

「そらまめくんの
友達もかこう！」

活動の展開	**1** 『そらまめくんのベッド』の絵本を見て，感じたことを話し合う。	**2** 実物のそらまめのさやをむき，そらまめのさやや中身を観察する。
指導のポイント	● そらまめくんのベッドが見付かってよかったことなど，子供たちが絵本を見て感じたことを話し合い，そらまめくんのベッドはどんな形をしていたかなど，問い掛ける。 ● 絵本に出てくる他の豆との色や大きさなどの違いを話したり，話を聞いたりする場を設ける。	● 絵本のそらまめくんのペープサートを行い，「ぼくのベッドを持ってきたよ！」と言って，実物のそらまめを一人一莢むいてみるよう伝える。 ● そらまめのさやをむいた時の子供たちのつぶやきを捉え，気付いたことや感じたことを子供たち全体に紹介し，共有できるようにする。

知・技	そらまめに触れて, その形や色, 手触り, 大きさなどに気付く。
思・判・表	そらまめをむいて, 中身がふわふわしている様子など, 感じたことや, 考えたことから表したいことを思い付く。
学・人	『そらまめくんのベッド』のお話を聞いたり, 話し合ったりしながらイメージを豊かにし, 表現を楽しむ。

育てたい資質・能力

「そらまめくんが, ふわふわの
ベッドの中にいるよ。」（四つ切り）

「そらまめくんが, 寝ているよ。」（四つ切り）

「そらまめくんが, ふわふわのベッドの中で
おもちゃで遊んでいるよ。」（四つ切り）

「そらまめくんのふわふわの
ベッドが見付かって,
みんなで喜んでいるよ。」
（四つ切り）

「そらまめくんと
グリーンピースちゃんが
かくれんぼしているよ。」
（四つ切り）

3 そらまめくんがふわふわのベッドで
遊んでいる様子を想像して絵に表す。

- 「そらまめくん, ふわふわベッドでどんなことして遊んでいるかな?」と問い掛け, 友達の様々な意見を聞いてから, クレパスでかき始めるよう伝える。
- 画用紙は縦, 横を選んで使うこと, 線描に集中できるよう, 黄緑, 緑, 黒色のクレパスでかくことを伝える。

4 絵に込められた思いを発表する。

- 教師や友達に, 絵に込められた思いを伝える場を設ける。
- 感じたこと, 考えたこと, 工夫したところなどを聞き, 一人一人の特に思いをもったことを発表できるようにする。

活動を終えて ▶▶▶ クレパスを使うことを楽しみ, そらまめくんがベッドでどんなことをしているか
想像して絵に表すことができたか。

049

ともだちいっぱい

自分と友達が楽しく遊んでいる様子を思い思いにかく活動です。
誰が，誰と，どんなことをしているか想像しながらかくことで
人間関係が深まることも期待できます。

材料・用具

クレパス，コンテパステル，模造紙，画用紙（四つ切り）

事前準備

・事前に友達とグループをつくり，クレパスやコンテパステルを
　使って模造紙に自分をかく経験をしておく。

まずは模造紙にクレパスで
自分をかく活動をする。

友達と話しながら表した経験が
一人で取り組む
活動にもつながる。

友達と一緒に「模様や動物もかいたよ」と
話しながらかく。

模造紙の活動から
数日後に行う
四つ切りの画用紙に
コンテパステルでかく活動でも，
自分と友達の楽しい様子が
絵にあらわれる。

活動の展開

1 友達と，いつもどんなことをして遊んでいるか話し合う。

指導のポイント

- 自分や友達を模造紙に思いのままにかく場を設ける。
- かきながら，クラスの友達とどんなことをして遊んでいるか，年中組でするようになった遊びなどを話したり，聞いたりするよう促す。
- 模造紙に絵をかいたことも振り返るようにする。

2 自分や友達の顔の感じや背の高さなどを見てみる。

- 自分や友達がどんな表情だったらよいか，髪型や背丈などで気付いたことを話したり，話し合ったりする。
- その際，どれがよいかなどの価値付けは避け，子供の気付きに共感する。

　技法リンク ▶▶　線描・面描 P.022　消す・溶かす・ぼかす P.038

育てたい資質・能力	知・技	友達の楽しい顔や髪型，背丈など，分かりやすい特徴に気付き，表し方を工夫する。
	思・判・表	表したいことを考え，コンテパステルの線の太さや色の塗り方など表し方を考える。
	学・人	友達と一緒にどんなことをして遊んでいるかについて，楽しく考えたり，表したりする。

「お外で，友達と走っているよ。」(四つ切り)

「友達とかくれんぼしているよ。」(四つ切り)

「友達とおどっているよ。」(四つ切り)

「友達とおにごっこしているよ。」(四つ切り)

「友達と，手をつないで遊んでいるよ。」(四つ切り)

3 友達と遊んでいる自分の様子を考え，画用紙にコンテパステルでかく。

- コンテパステルの使い方を説明する。
- 線の太さを変えてかいてみたり，色をつけたいところを塗ったりしてよいことなどを伝える。
- 表したいことが決まらず戸惑う子供には，誰とどんな遊びをしているところが楽しいか問い掛け，会話の中から手掛かりを見付けるようにする。

4 友達とどんなことをして遊んでいるのか，絵で教師や友達に話す。

- 誰とどんなことをしているのか，話をしたり聞いたりすることで，友達関係の広がりを共有する。
- 一人一人が特に思いをもって表したところや工夫したところに共感する。

活動を終えて ▶▶▶ 友達と遊んでいる様子を思い出し，楽しみながらコンテパステルで表すことができたか。

クレパスのふしぎ（写し絵とはじき絵で）

でこぼこのあるものに紙を乗せてクレパスでこするフロッタージュの技法で
ものの形や模様を写し取る活動です。
形や色の重なり，模様の美しさの感じを試しながら表せるようにします。

材料・用具

クレパス，共用絵の具（薄めに溶いたもの／赤，青，緑，灰，
黒，藍，黄土など），上質紙（A4，B5），でこぼこのあるもの
（網，かご，段ボール，おろし器，コースター，葉っぱなど）

事前準備

・表面がでこぼこした身近なものを集めておく。

「どんな模様に
なるかな？」

「この模様
素敵だね！」

「丸い形が
いっぱいできたよ。」

友達と一緒に……

「同じ形でも
色を変えてこすり出すと，
素敵な模様ができるよ。」

活動の展開

1 でこぼこに重ねた上質紙の上から
クレパスでこすると，
ものの形や模様が写し取れることを知る。

2 何度も試すことで，
面白い形や模様を見付ける。

指導のポイント

- 表面がでこぼこした身近なものを用意し，子供
  が選べるように教室の四隅に置く。
- 上質紙をしっかり押さえ，クレパスを寝かせてこ
  するよう伝える。
- できた模様の上から，違う色や模様を重ねても
  よいことを伝える。

- 模様をこすり出す面白さを感じ取れるよう，いろ
  いろなもので試すよう声を掛ける。
- 意欲的に何度も試す中でどんな模様になったか
  を聞き，友達と共感できるようにする。
- 写し取った形や色からイメージが広がるよう
  に声を掛ける。

「1枚の中に
いろんな模様を集めたよ。」

「同じ形でも色を変えると
素敵な模様ができるよ。」

「フロッタージュしたものから，
連想して新たに絵で表したよ。」

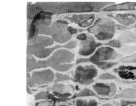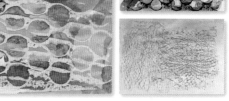

白色のクレパスで
好きな模様をこすり出して，
絵の具を塗ると……

「色と色が組み合わさっていき，
クレパスも浮かび上がり，
面白い模様になるよ。」

3 クレパスで写し取った模様に，バチックの技法を重ねる。

- 薄めに溶いた絵の具で，模様を浮かび上がらせる方法を提案する。
- バチックの技法を取り入れることで，更にクレパスの色と絵の具が重なってできた模様の美しさを感じ取れるようにする。

4 お気に入りの模様を友達や教師に見せる。

- お気に入りの模様を選んで，どのでこぼこをこすったのかなど，話し合いの場を設ける。
- できた様々な模様を教室内に展示し，いつでも見ることができるようにする。
- フロッタージュできる環境を室内に残し，自由遊びでも楽しめるようにする。

活動を終えて ▶▶▶ 形や色の重なり合いや，模様の美しさを感じ，
試しながら活動できていたか。

ロケットにのって

ロケットに乗って宇宙に行く様子を話し，想像を膨らませて絵に表す題材です。
クレパスをしっかり握り，色を選んだり，かき方を工夫したりしながら，
思いに合わせて，かいたり塗ったりして表します。

材料・用具

クレパス，色画用紙（四つ切り／黒，藍，群青などの暗い色）

事前準備

・教室は机などを置かず，シートを敷いて広くしておく。
・子供たちが見ることができるように，あらかじめ宇宙の図鑑を
　教室に置いておく。

ロケットに乗って
宇宙に行くことについて，
想像を膨らませながら，
子供たちが
話している。

「赤色の惑星をたくさんにしよう！」と
クレパスで色を塗る。

ロケットの形や
模様を考えながら
クレパスでかく。

ロケットの羽根の模様を一つ一つ
塗り分ける。

活動の展開

1 ロケットに乗って宇宙に行く様子を
想像し，感じたことを話し合う。

2 白のクレパスを用い，
想像したことを線で表す。

指導のポイント

- ロケットや宇宙について想像してみることを投げ
  掛け，子供たちの発言を促す。
- イメージをもちにくい子供には，友達の発言から
  考えたり，宇宙の図鑑を見たりして考えてみるよ
  う勧める。

- クレパスをしっかりと持ち，力を入れてかくように
  伝える。
- 白いクレパスで形をかいた後に，色を塗ると色
  が分かりやすいことも伝えておく。
- 個々の子供のイメージが膨らむよう，教師が子
  供とかいていることについて対話する。

育てたい資質・能力		
知・技	自分の表したいロケットを見付け，クレパスの色を選んだり，塗り方を工夫したりして表す。
思・判・表	宇宙の様子やロケットの形や色などのイメージをもち，想像を膨らませる。
学・人	友達や教師と，ロケットで宇宙に行く様子について話し合ったり，表したりすることを楽しむ。

「ロケットをしましまの模様にした。
周りには星や土星がたくさんあるよ。」（四つ切り）

「自分でつくった
ロケットに乗っている。
いろいろな色や形の
惑星をかいたよ。」（四つ切り）

「カラフルな色のロケットに乗って，
宇宙を探検しているよ。」（四つ切り）

「UFOを見付けて
宇宙人と
友達になった。
ロケットの羽根を
いろんな色にしたよ。」
（四つ切り）

「大きなロケットに乗って
宇宙に行く。
羽根の形や模様を
かっこよくしたよ。」
（四つ切り）

3 白のクレパスでかいた絵に色を塗る。

- 自分が表現したいことに合わせて，色を使い分けたり，塗り方を工夫したりしてみるよう伝える。
- 表したいことを思うままに表せるよう励ましの声を掛ける。
- 必要に応じてクラスで子供たちの絵を紹介し，友達の様々な表現に気付くことができるようにする。

4 かけた絵を教師や友達に発表する。

- 工夫した箇所や，どのような思いでかいたのかなどを，友達や教師に発表する場を設ける。
- 友達の発表を聞くことで，互いに工夫したところやよいところに気が付けるようにする。

活動を終えて ▶▶▶ ロケットで宇宙に行く様子を，想像を膨らませながら，クレパスで表すことができたか。

エルマーとともだち

絵本の世界の中に入り込んだ自分のイメージを膨らませながらかく活動です。
クレパスやコンテパステルの色を選んだり，
かき方を工夫してかけるようにします。

材料・用具

クレパス，コンテパステル，油性ペン，画用紙（四つ切り），筆，デビッド・マッキー『ぞうのエルマー』（BL出版，2002）

事前準備

・『ぞうのエルマー』の読み聞かせをする機会をもち，エルマーや友達の楽しい色のイメージをもっておく。

「仲間の象をかいてみよう。」

「私はどんな模様にしようかな。」

それぞれが何をかいたのか楽しそうに話し合っている。

コンテパステルの塗り広げを楽しむ。

活動の展開

1 『ぞうのエルマー』の絵本を見て，感じたことを話し合う。

指導のポイント

- パッチワーク柄のエルマーを見て，なぜ仲間は笑ったのか問い掛け，子供たちの思いを聞く。
- 「エルマーの日」をつくり，お祭りをしたのはなぜか考えて話し合う。

2 象たちが色とりどりに変身したことを基にイメージをもつ。

- エルマーの明るい性格が仲間を楽しくしたことを子供と教師で確かめ合う。
- みんなが同じ色でなくてもよい，自分らしさを思いきり出せばよいことを絵をかく活動のねらいとともに伝え，イメージをもったり，どんな色や模様にするか話し合ったりする時間を設ける。

育てたい資質・能力	知・技	お話の色や模様の楽しさに気付き，自分の色や模様を工夫して表す。
	思・判・表	エルマーの友達になるイメージをもち，楽しい色や模様を考える。
	学・人	お話に親しみながら，自分なりの色や模様を表すことを楽しむ。

クレパスで
強く塗った上に
コンテパステルの粉をかけ，
筆で広げる方法を
思い付いた。

おしゃれなともだち（四つ切り）

コンテパステルを
縦や横に持ち，
発色の違いに
気付いた。

エルマーとおさんぽ（四つ切り）

3 自分ならどんな色や模様の体にするか想像してかく。

- 「みんななら何色に変身してみたい?」とたずね，イメージが膨らんだ子供から，油性ペンで形からかくよう促す。
- 「仲間もかきたい」という声があれば，思いに合わせてかいてよいことを伝える。

4 絵に込めた思いを話す。

- 絵に込めた気持ちや思いを近くの友達に話すよう促す。
- 子供たちが考えたことや工夫したこと，思いなどを聞き，一人一人のよさや楽しさを見付け，伝え合う場を設ける。

活動を終えて ▶▶▶ 自分のイメージを基にクレパスやコンテパステルのいろいろな色を使ったり，表し方を工夫したりしたか。

フェルトにかくと

フェルトの感触に気付いたり，
楽しんだりしながらクレパスでかく活動です。
発色や筆圧などを試しながら，思い思いにかけるようにします。

材料・用具

クレパス，フェルト，画用紙，木工用接着剤，はさみ

事前準備

・様々な色のフェルトを子供がかきやすいと思われる，いろいろな
　形や大きさで十分な枚数を準備する。

「フェルトって，あたたかくて気持ちがいいね。」

「画用紙に塗るのと
違うね！」

「布にもかけるんだ！」　　「タイトルは『夏』！」

フェルトを
好きな形に
切った上から，
色を塗ることを
楽しんでいる。

活動の展開

1 フェルトに出会い，
クレパスでかけることを知る。

指導のポイント

● いろいろな形や色，大きさのフェルトを提示し，
使ってみたいものを選ぶよう促す。
● フェルトの感じから思い付いたことを表すよう促
す。

2 フェルトの感じに合ったかき方を
試しながら表したいものを表す。

● かく強さやクレパスの動かし方を工夫しながら，
表したいことを表すよう伝える。
● フェルトに合うものやかき方を見付けたことに共
感的に応える。
● 時間を十分に取り，思い通りに表せるよう何度も
かいたり，必要に応じて新しいフェルトでかいた
りするように促す。

技法リンク　▶▶

線描・面描
P.022

いろいろな素材にかく
P.042

知・技	紙との感触や色のつき方の違いに気付き, かき方を工夫して表す。	
思・判・表	フェルトの感触を感じながら, 表したいものや表し方を考える。	
学・人	フェルトの紙とは異なる感触やフェルトに表すことを楽しむ。	

育てたい資質・能力

お花畑

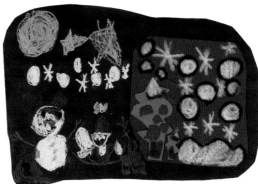

「とても優しい感じになったよ。」

「むしをたくさんかいたよ。」

うさぎさんの散歩

3 友達の工夫を見付けたり,
工夫を教え合ったりしながら活動する。

- 自分なりの表し方を見付けて表していることを認め, 励ます。
- フェルトだから表せることやかいた感じを捉え, 言葉にして学級全体に伝えたり, 作品で紹介したりする。

4 イメージを広げながら,
かいたものを友達や教師に見せる。

- タイトルを決めて教室内に展示し, みんなで見合えるようにする。
- 工夫した部分や楽しかったところを発表できる場を設ける。

活動を終えて ▶ ▶ ▶ フェルトの感触に思いをもち, 楽しみながら表していたか。

クレパスのまほう

白のクレパスで絵をかき，ぼかし網で削ったコンテパステルの粉を重ねて
絵を浮かび上がらせる技法を楽しむ題材です。
色を重ねたり，混ぜたりすることを試せるようにします。

材料・用具

クレパス（白），コンテパステル，画用紙（八つ切り），ぼかし網，
空き箱

事前準備

・教室に，絵をかくコーナーと，コンテパステルを削るコーナーを
分けて準備する。

「白に白でかくから
見えにくいな」と
顔を近付けてかく。

「どんな色に
なったかな」と
画用紙を持ち上げ
確認する。

「電車は緑に
したから，
線路は何色が
いいかな？」と
考える。

友達と「何色使う？」と
話しながらコンテパステルを削る。

自分で好きな色を選びながら
コンテパステルを削る。

活動の展開

1 クレパスとコンテパステルを使った表現方法があることを知る。

指導のポイント

- 白のクレパスで絵をかき，削ったコンテパステル
の粉をかけて絵を浮かび上がらせる方法を紹
介する。
- 活動の楽しさが実感できるよう，子供たちに実
演して見せながら方法を説明する。

2 白のクレパスで画用紙に思い付いた絵をかく。

- コンテパステルの粉がつくように，クレパスはしっ
かりと持ち，力を入れてかくように伝える。
- 子供たちに，思い思いの絵をかくよう促す。
- 表したいことが広がることを期待しながら，子供
と表しているものについて話す。

「うさぎとねこと一緒に遊んでいる。
太陽や雲の色を変えたよ。」
（八つ切り）

「星を見ながら電車でお出かけした。
いろんな色を使ってきれいな星にしたよ。」
（八つ切り）

「友達と一緒に遊んだ。
好きな色の赤や紫を使った。」
（八つ切り）

「海の中をかいたよ。
コンテパステルの色を
少しずつ変えて，
虹色みたいにした。」
（八つ切り）

「ロケットに乗って
宇宙に行っている。
いろんな色の
コンテパステルを
使ったよ。」
（八つ切り）

3 ぼかし網を使い，削ったコンテパステルの粉で色をつける。

- コンテパステルの粉が飛ばないように空き箱に作品を入れ，粉をかけて絵を浮かび上がらせる方法を演示して伝える。
- 意欲的に活動できるよう，コンテパステルの好きな色を重ねる楽しさやそのよさに気付いた言葉に共感する。

4 何度も繰り返し試し，お気に入りの色や表現を見付ける。

- 思いに合わせて，2点目，3点目といくつも表現を試みることを勧める。
- できた作品を教室に並べ，いつでも見ることができるようにし，友達の様々な表現に気付くことができるようにする。

活動を終えて ▶▶▶ 絵を浮かび上がらせる方法を楽しみ，コンテパステルの色の重なりや混ざり方の美しさを感じながら表せたか。

みんなでかいたよ

3歳児，4歳児，5歳児の子供が，どの子もが使えるクレパスで大きな紙に一緒に絵をかく活動です。同年齢児とだけでは得られない発想を膨らませ，互いの表現を伝え合いながら思いや絵がつながるようにします。

材料・用具

クレパス，模造紙（1枚当たり5〜6名で活動できるよう，3〜4枚をつなげたもの）

事前準備

・教室の机や椅子を片付け，シートを敷いて広くする。
・1グループ15名程度の活動グループをつくる。

「友達と遊んでいるところ」「海の中のお魚」などかきたいことを話す。

各々好きな場所で思い思いにかく。

虹色の線路をかいていた3歳児が，電車のかき方が分からず，4歳児に教えてもらいながらかいている。

4歳児が魚をかいたところから海をかく子供が出てきて，階段の形になっていった。

それを見た5歳児たちが「こっちの海とつなげて広くしよう！」と誘い，活動がつながっていく。

活動の展開

1 模造紙に何をかくか思いを巡らせ，考えたことを話し合う。

指導のポイント

- 3歳児，4歳児，5歳児のみんなで，大きな模造紙に絵をかくことを伝える。
- 活動への期待がもてるよう，どんな絵をかきたいか話し合う場を通して，子供たちの思いを膨らませる。
- クレパスの使い方や，他の子供の絵の上からかかないことなどの約束事を確認する。

2 それぞれ好きな場所で，自由に絵をかく。

- 年齢の違う友達と活動する楽しさを感じることができるよう，それぞれの子供の話を聞き，かいているものを認めるようにする。
- 異年齢児と積極的に関わることができるように，ときには教師が仲立ちとなって会話を促す。

育てたい資質・能力	**知・技** 異年齢の友達と発想や表し方を交流することから,気付いたことを表す。
	思・判・表 同年齢児や異年齢児と互いに表現を伝え合い,新しい考えに触れる中で,イメージを豊かにする。
	学・人 同年齢児だけでなく異年齢児とも積極的に関わり,様々な思いを共有し,それぞれの表現を楽しむ。

「もっと大きくしたい」と
隣のグループの模造紙を
みんなで動かして
つなげることに……

違う場所で道や
街をかいていた子供と,
海をかいていた子供たちが
つながった。

「ここは
水族館にしよう」と
一緒にかいている。

最終的に出来上がった作品。

3 同年齢児や異年齢児との会話を通してイメージを共有し,かいている絵につなげる。

- 同年齢児だけでの関わりにならず,異年齢児の絵にも気が付けるように声を掛け,思いや表現が広がるようにする。
- 異年齢で活動する楽しさや気付きの声を取り上げ,子供たちの中で交流する楽しさが実感できるようにする。

4 かけた絵について,教師や友達に思いを伝える。

- 誰と一緒にかいたのか,工夫したところなどを聞き,子供たち同士で思いが伝わるようにする。
- 友達の発表を聞き,周りの表現にも目を向け,よいところに気が付けるようにする。

活動を終えて ▶▶▶ 同年齢児や異年齢児と共に活動する中で互いの表現に関心をもち,一緒に想像を膨らませ,楽しく活動できたか。

だいすきいっぱい

入学して最初の図工の時間。
大好きなことを絵に表して紹介し合います。
伸び伸びとかいて，表したいことや気持ちを楽しく叶えるようにします。

材料・用具

クレパス，画用紙（11×11cm程度），のり，色画用紙（台紙），
名札用の紙

事前準備

・「おいしいフルーツは何だろう？」「好きな遊びは？」
　など「だいすき」なことを話題にしておく。

くだものやおやつなどは,思い浮かびやすい。

次々と
「だいすき」が
表されていく。

かきたいものがすぐに決まった。
ピンクのドレスを表そうとしている。

入学したばかりの小学校を
気持ちを込めて表している。

「これはね」と,
自分でかいたものを
紹介してくれる。
会話が次の
発想につながる。

活動の展開

1　活動のねらいを教師の実演から知り，かきたい気持ちをもつ。

2　画用紙の裏に名前を書き，準備をしてかきだす。

指導のポイント

● 「あなたは何が『だいすき』かな。先生は，バナナが大好きだよ」など児童に投げ掛ける。

● 今日の活動のねらいを知るために，教師がいくつかかいて見せる。「バナナは，黄色だけでなく茶色が入る頃がおいしいんだ」など，かき表したい気持ちを起こさせるようにする。

● 「まずは，1枚かいてみよう」と声を掛ける。クレパスの用意をするとともに，どんな色があるか質問する。

● 1枚ずつ初めの画用紙を配る。すぐにかく児童とそうてない児童を机間を歩きながら見守り，必要ならば声を掛ける。

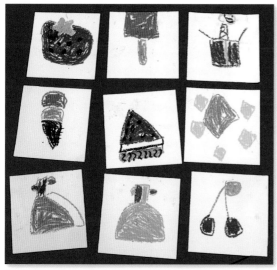

初めにドレスをかいていた児童のかいた大好きなもの。

かいたものを台紙に貼る。

「貼ったよ，できたよ，
見て見て。」

わたしのだいすき（75×14cm）

次々と表す。
たくさん表す。
友人と見合うことで
新しい表現に
つながる。

かいたものを
掲示すると，
互いに見合い，
新しく表したいことを
思い付く
ヒントになる。

3 　数枚かいたものを互いに見てみる。

- 自分のかいた「だいすき」をマグネットで黒板に掲示し，友人のかいたものを見たり，新たにかきたいものを思い付いたりする時間を設ける。
- 伸び伸びとクレパスを使っている作品や，かき表している内容を紹介する。

4 　台紙に選んで貼り，展示する。

- かいたものから4〜6枚程度を選んで貼れる台紙や名札を配る。
- 完成した作品を展示し，同じものをかいていたり，同じものでも表し方が違っていたりすることに気付けるように，互いに見合う時間を設ける。

活動を終えて ▶▶▶ 　「だいすき」を見付けたり，クレパスで形や色を選んだりして表せていたか。

こすってあつめて

身の回りにあるでこぼこしたものの上に紙を置いてクレパスやクレヨンでこするフロッタージュの技法を基に表す題材です。
あらわれる模様の面白さに夢中になるうちに自分なりのイメージが生まれます。

材料・用具

クレパス，クレヨン，上質紙（B4）

事前準備

・教師が事前に学校の敷地のでこぼこを使って試し，
　フロッタージュに適した活動場所を設定する。
・あらかじめ使うクレパスやクレヨンの巻紙を剥がしておく。

クレパスでこすると模様があらわれる
驚きや面白さを大切にする。

「こんなところにも
でこぼこがある。」
造形的な視点で
身の回りを見始める。

模様から発想を広げる。
「模様が海みたいだから魚をかいてみたよ。」

「いろいろな色を使ってみよう。」

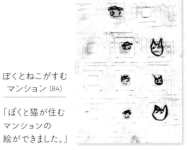

ぼくとねこがすむ
マンション（B4）

「ぼくと猫が住む
マンションの
絵ができました。」

活動の展開

1　クレパスやクレヨンを使い，でこぼこの模様が写せることを知る。

2　身の回りのものや場所からできるでこぼこの模様を楽しむ。

指導のポイント

- フロッタージュの面白さを基に児童が意欲的に活動できるように実演して見せる。
- クレパスやクレヨンの側面を使ってこすり出す方法を示す。

- 失敗を恐れずに進んでフロッタージュを楽しめるよう紙の置き場を設定し，何枚でも使えるよう十分な量を用意しておく。
- 思い通りにこすり出すことができない児童がいる場合は，一緒に試して活動に慣れるようにする。

技法リンク　▶▶　　線描・面描　P.022　　フロッタージュ　P.034

「ほら，こんな模様ができたよ。」友人と面白さを共有する。

だんごむし (B4)

模様から
ダンゴムシを
思い付き，
意図的に
フロッタージュを用いて
表現した。

「いろいろな模様
を並べたらカラフル
な旗ができたよ。」

きらきらかわいいはた (B4)

スーパーロボット (B4)

「四角い模様でロボットができたよ。」

くるまがはしってる (B4)

模様から
発想を広げる。
「タイヤの跡に
見えたから車を
かいたよ。」

「こすったら点々が
たくさんできて，ラ
ベンダー畑みたい
になったよ。」

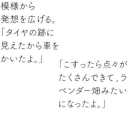

ラベンダーばたけ (B4)

3 できた模様からイメージをもち，工夫して表す。

- 児童から見立ての言葉が出始めたら近くの友人と共有して発想の広がりを促す。
- 「ダンゴムシみたい！」「ラベンダー畑ができたよ！」などのイメージに「本当だね。他にも何か思い付きそうだね」と共感的に受け止め，活動を促す。

4 自分たちの作品やイメージの面白さを感じ取る。

- 自分や友人が見付けたフロッタージュの模様を見たり話したりする時間を設け，形や色への関心を高められるようにする。
- できた模様を逆さまにしたり向きを変えたりして見ることで，新しいイメージを思い付いたり，それを楽しんだりする時間を設け，発想を高める。

活動を終えて ▶▶▶ フロッタージュの技法を基に，クレパスやクレヨンを使ってできる模様の形や色，そこから生まれるイメージを楽しみながら活動していたか。

クレパスとおさんぽ

クレパスでかいたり塗ったりできる材料には、いろいろなものがあり、
それぞれの材料の形、触った感じから膨らむ思いがあります。
いろいろな形や表面をお散歩しながら楽しい活動を思い付けるようにします。

材料・用具

クレパス、模造紙やロール紙、いろいろな形や大きさの基底材（段ボール板、クラフト紙、アルミホイル、フェルトなど）
※基底材は分けて用意する分と、ロール紙に貼ったものの両方を用意する。

事前準備

・机などを片付けて床を広く使えるようにしておく。
・基底材は貼るロール紙や模造紙の大きさに合わせて数の見当をつける。

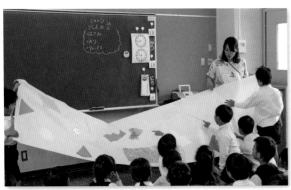

同じ形の紙皿から
一つには顔を、
もう一つには
きれいな模様を
思い付いた。

「材料のどの形や
感じがいいかな。」
「どこから活動を
始めようかな。」
どんな材料が貼って
いるのか、
みんなで見たり、
触ったりして確かめる。

「軟らかい感じが
気持ちいい。
トントンと
置くようにすると
綿にも色がつくよ。」

使いたい色のクレパスを
小さなカップに入れて
お散歩に出かける。

「片面段ボールに塗っていると
ポコポコと音がなる。
楽しい模様ができたよ。」

活動の展開

1 題材と出会い、活動に興味をもつ。

2 クレパスでいろいろな材料にかいたり、塗ったりしながら活動する。

指導のポイント

- クラフト紙や片面段ボール、フェルトなどの基底材となる材料を触り、触った感じの違いを感じることができるようにする。
- ザラザラ、ボコボコなど、触った時の感触を言葉にし、画用紙以外のものにクレパスでかいたり塗ったりする活動に関心を促す。

- 児童の活動を見守り、必要に応じて「どんなことをしているの？」「○○みたいだね」などの声掛けをし、感じていることや考えていることを聞く。
- 思いや活動に共感し、不安を感じていることがうかがえる児童には、自信をもって活動できるように肯定的な言葉掛けをする。

技法リンク ▶▶ 線描・面描 P.022 ｜ いろいろな素材にかく P.042

「友人はどんな材料にかいたり，
塗ったりしているのかな。」

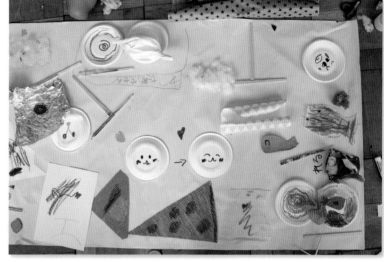

「みんなの活動が並んで，
面白い作品になったよ。」

「いろいろな形や感じから
思い付いたことがつながって，
楽しい絵になった。」

「形に合わせて
色を塗ったり，
模様をつくったりした
空き容器が
つながっているよ。」

3 手応えを確かめたり，友人の活動を見たりしながら表す。

● 空いている材料に移動したり，別に用意した材料を新たに貼ったりして活動ができることを伝え，活動の幅が広がるようにする。
● 機会を捉えて友人の活動を見るよう促し，いろいろな活動に関心をもてるようにする。

4 自分や友人の活動や表したもののよさや面白さを感じ取る。

● 全員で一つ一つの作品を鑑賞し，自分の活動について，楽しさや面白さを発見したり，考えたりする場と時間を十分に取る。
● 自分や友人が感じたり考えたりしたことを伝え合うようにし，児童の気付きを促す。

活動を終えて ▶ ▶ ▶ いろいろな基底材の形や触った感じを楽しみながらクレパスでかいたり，
塗ったりして活動していたか。

かいじゅうたちの国

フロッタージュした模様を基に，絵に表す活動です。
児童が学校中で集めた模様から，思い付いた怪獣を表します。

材料・用具

クレパス，絵の具用具，版画用紙，マーメイド紙（39×54.2cm），
はさみ，のり，シール

事前準備

・学校の中で，模様が写し取れるところを探しておく。
・クレパスの巻紙を剥がし，半分に折って使いやすくしておく。

フロッタージュの色に変化をつけるため，版画用紙に色を塗っておく。

クレパスを使って
怪獣の住む国をかく。
「指でこすると
色がぼかせていい感じ。」

絵の具も使って
怪獣の国を
仕上げていく。
「この色いいね！」

でき上がった
怪獣の国に，
つくった怪獣を
のりで貼って，
「かいじゅうの国」
の完成。

学校内のでこぼこした場所を
見付けてフロッタージュし，
いろいろな模様を集めて回る。

模様から思い付いた怪獣を，
模様を組み合わせて表す。

活動の展開

1 フロッタージュの技法を知り，校内ので こぼこのある部分を写して回る。

2 集めた模様を基に， 思い思いの怪獣を表現する。

指導のポイント

- フロッタージュの技法を紹介し，学校の中にはど のような模様があるか，調べに行くようにする。
- 児童がフロッタージュの面白さに気付けるように， いくつかの色で重ねてこすったり，紙の向きをず らしたりするなどの工夫を紹介する。

- 表したい怪獣を思い付かず困っている児童には 相談に乗り，一緒に考えるようにする。
- 体の部位ごとに異なる色や模様が出るよう，切 り取る場所を工夫するように指示する。
- 体の動きを考え，ポーズを決めてから貼り合わ せるようにする。

育てたい資質・能力	
知・技	・クレパスででこぼこの模様をこすり出す自分の感覚や行為を通して，いろいろな形や触った感じなどに気付く。 ・クレパスやはさみ，のりなどに十分に慣れる。 ・手や体全体の感覚などを働かせ，表したいことを基に表し方を工夫して表す。
思・判・表	・フロッタージュでできたいろいろな形や色などを基に，自分のイメージをもつ。 ・こすり出した模様を並べたり，重ねたりしながら感じたことや，想像したことから，表したいことを見付ける。 ・好きな模様を選んだり，いろいろな怪獣の形や色を考えたりしながら，どのように表すかについて考える。 ・作品の造形的な面白さや楽しさ，表し方などについて，感じ取ったり考えたりし，自分の見方や感じ方を広げる。
学・人	・つくりだす喜びを味わい，楽しくこすり出して写した模様から怪獣の世界を表したり，鑑賞したりする学習活動に取り組もうとする。

かわいいきょうりゅう (39×54.2cm)

「空の色や地面をクレパスで塗るのを頑張りました。」

かいじゅうのおさんぽ (39×54.2cm)

「模様を写す時に，クレパスの色を
全部使ったらきれいな色でした。
足と手の形をつくるのを頑張りました。」

かわいいおばけ (39×54.2cm)

「クレパスででこぼこをこすり出すのを頑張りました。」

3 怪獣の住んでいる場所を想像して，
画用紙にかく。

● マーメイド紙の表面の質感を生かして，こすって
ぼかしたり，かすれさせたりするなどの工夫がで
きることを紹介する。

● 怪獣がいそうな森などの写真は何種類も用意
し，必要に応じて参考にできるようにする。

4 かいた場所に，怪獣を貼って
作品にまとめる。

● 怪獣が生き生きと感じるような貼り方など，児童
の表現の工夫を取り上げて紹介する。

● 必要であればかき足し，表したいことを表すよう
促す。

活動を終えて ▶▶▶ クレパスの扱い方を工夫してこすり出した模様を基に
思い付いた怪獣からイメージを広げて怪獣たちの世界をかけていたか。

石が大へんしん

石の形や色などを基に見立て遊びをし，思い付いたものになるように
クレパスで形や色をかき加え，石を変身させる題材です。石の向きを変えたり，
かき加えたりし，石が姿を変える楽しさを味わいながら表すようにします。

材料・用具

クレパス，河原などで採集した石，ティッシュペーパー，雑巾など

事前準備

・校外学習時などを使って，石を集めておく。
（教師が集めておいてもよい。）
・集めた石が汚れている場合はあらかじめ洗っておく。

事前に準備した石の中から，
お気に入りの石を一つ選ぶ。

見る角度を変えたり，
持ち替えたりしているうちに
何かに見えてくる。

「クレパスで
塗ったところを
ティッシュペーパーで
こすると，
違う感じになったよ。」

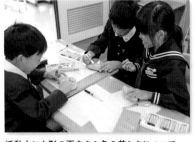

活動中にも形の面白さや色の美しさについて
意見を交換する。

「見て見て，あの石がこんな風に変身したよ！」

違う色を上から重ねてみるなど，
更に工夫して表す。

活動の展開

1 学習のねらいを知り，
材料の石を選ぶ。

2 選んだ石の形や色などから，
見立て遊びをする。

指導のポイント

- 児童が気に入った石を選ぶことができるように，
十分な個数の石を準備する。
- クレパスでかき加えていくことに配慮し，でこぼ
この少ない石も準備しておく。
- 児童が興味をもって出会えるよう，多様な形や
色の石を準備することが望ましい。
- 使う石をじっくり選べるよう十分に時間を取る。

- 見る角度を変えたり，裏返してみたりして違った
見方ができるよう助言する。
- 教師は児童の見立てに共感したり，感想を伝え
たりして児童の思いに寄り添う。
- 見立てにくくしている児童には，発想の手掛かり
が見付かるように，石の形や色，模様について
一緒に考える。

石から生まれたラッコちゃん (7.5×12cm)

「初めはアリに見えたが，
向きを変えるとラッコに見えた。
いろいろな色を使って表した。」

ふくろう　おじさん (16×10cm)

「太くかいたまゆ毛から
ふくろうのおじさんに見えた。
違う色を何度も重ねて
羽の感じを出していた。」

ハリネズミのハリすけ (10.5×14cm)

「ざらざらした触り心地と，
鼻のところのとがった感じから
ハリネズミを思い付いた。」

かわいい　おとうと (9.5×12cm)

「初めは誰でもなかったが，
かいているうちにかわいい弟の
顔になった。」

3 手や体全体の感覚を働かせ，思い付いたものを工夫して表す。

- クレパスを使って色を塗ったり重ねたりしたところをこするなど，いろいろな表現方法を試してみるように働きかける。
- 活動途中にも気付いたことや感じたことなどについて，意見交流ができるようにする。

4 自分や友人の作品のよさや面白さを感じ取る。

- ワークシートを準備し，自分の活動を振り返ったり，作品の説明をしたりする時間を設ける。
- ワークシートと一緒に作品を鑑賞し合う場を設け，その後，意見交流をして感じたことや気付いたことなどを書くことを促す。

活動を終えて ▶▶▶ 児童が表したいことに合わせてクレパスの色を選んだり，かき方を工夫したりしていたか。

だんボールかいじゅう

段ボールを手でちぎる活動を通じて，段ボールに親しみ，
偶然にできた形から自分なりの「かいじゅう」を表す活動です。
大胆な行為を通してイメージをもち，伸び伸びと表すことが期待できます。

材料・用具

クレパス，共用絵の具，段ボール（手でちぎりやすい薄手のもの），
画用紙（四つ切り），木工用接着剤

事前準備

・使用済みの段ボール板から薄手のものを選び，
　児童がちぎりやすい大きさにしておく。

抵抗感のある段ボールをちぎる。
「かたいな。」「こうするといいよ。」

「どの形を使おうかな。」
山盛りの段ボールから
自分のイメージに合う形を拾い出す。

どんな怪獣だろうか。
「森に住んでいて，優しい。背中から虹が出るんだ。」

ちぎった形を
並べたり，
つないだりして
自分が表したい
怪獣の形を
考える。

「頭が3つあるんだ。角もつくるよ。」
「目の色が違うんだよ。」

画用紙に貼って，色をつけていく。
色や模様を考えながら表す。

活動の展開

1 自分が怪獣になったように段ボールをちぎる。

指導のポイント

● 段ボールに十分親しむために，ちぎる抵抗感を感じたり，ちぎる感覚を味わったりする時間を設ける。

●「ちぎる」ことができない児童には，切り込みを少し入れるなどの補助をする。

2 自分が表そうとする怪獣になる段ボールを見付け，並べてみる。

● ちぎった形の中から，自分のイメージに合う形を見付けて，机上に並べてみるなどの操作をする時間を設ける。

● 自分のもつイメージだけでなく，段ボールをちぎった形からもイメージできることを知らせる。

技法リンク　▶▶　線描・面描 P.022　　いろいろな素材にかく P.042

育てたい資質・能力	知・技	・ちぎった段ボールを並べたり色を塗ったりする自分の感覚や行為を通して，いろいろな形や色などに気付く。 ・クレパスや段ボール，木工用接着剤などに十分に慣れる。 ・手や体全体の感覚などを働かせ，表したい怪獣のイメージを基にクレパスやコンテパステルの使い方を工夫して表す。
	思・判・表	・ちぎった段ボールのいろいろな形や色などを基に，自分のイメージをもつ。 ・段ボールを並べて感じたことや想像したことから，表したいことを見付ける。 ・好きなクレパスの色を選んだり，段ボール怪獣の形や色を考えたりしながら，どのように表すかについて考える。 ・段ボール怪獣の造形的な面白さや楽しさについて，感じ取ったり考えたりし，自分の見方や感じ方を広げる。
	学・人	・つくりだす喜びを味わい，楽しく段ボールを怪獣に見立てて絵に表したり，鑑賞したりする学習活動に取り組もうとする。

どんな怪獣だろうか。
「山に住んでいて，たくさん友人がいるんだ。」

どんな怪獣だろうか。
「とても元気がよくて，ちょっとあばれんぼう。」

更に自分の表したい感じになるように共用絵の具を補助的に使う。自分のイメージに合わせて使えるようにする。

「おなかの部分を見てください。」

夜のかいじゅう（四つ切り）

---

3 段ボールの形状やクレパスの表現を生かし，表し方を工夫して表す。

● 怪獣が住んでいる場所や背景なども想像しながら貼る場所を考えるよう促す。
● クレパスで怪獣の模様をかいたり，特徴や性格が分かるような表現ができるように声を掛ける。
● 住んでいる所や背景なども考えてかけるように，声を掛けたり対話したりする。

4 自分や友人の作品を見たり怪獣の話を聞いたりすることで楽しさや面白さを知る。

● 自分や友人が，どんな怪獣を表したか，段ボールの貼り方やクレパスの使い方の工夫をしたかを伝え合う場を設ける。
● ワークシートを配布し，話し合って感じたことや考えたことなどを書くよう促す。

活動を終えて ▶▶▶ ちぎった形を基に見付けた表したい怪獣のイメージに合わせてクレパスの色を選んだり模様をつけたりしていたか。

おばけのパーティー

今夜はおばけのパーティーです。真っ黒な画面を削るとカラフルな色があらわれます。下地の色を削り出すスクラッチの技法を生かして
思いに合ったパーティーの様子を絵に表す題材です。

材料・用具

クレパス，アクリル絵の具（黒），黄ボール紙（四つ切りを正方形に切ったもの），液体粘土，つまようじ，油性カラーペン，トレイ，新聞紙

事前準備

・クレパスの巻紙を剥がし，半分に折って使いやすくしておく。
・はみ出して塗っても大丈夫なように，新聞紙を敷くなど汚れてもよい場の設定をしておく。

表面に艶が出るくらい，クレパスを塗り込む。

つまようじを使って
アクリル絵の具や
液体粘土を削り，
絵をかく。

カラーペンも組み合わせ，
絵を仕上げていく。

黒のアクリル絵の具を
塗った画面に
液体粘土で
おばけをかく。

おばけが
踊っているように
手を動かしていく。

活動の展開

1 きれいに色が出るよう，クレパスを塗る。

指導のポイント

● クレパスの色が薄いときれいにスクラッチできないので，表面に艶が出るくらい塗り込むように声を掛ける。
● 模様のように塗ったり，重ねて塗ったり，自分が楽しいと思えるように塗るよう声を掛ける。

2 表面に黒のアクリル絵の具を塗る。

● 塗りむらができないように伝える。
● アクリル絵の具で隠れてしまう下地の色の様子を楽しみながら塗ることを大切にする。
● 汚れてもよいように，用具や場所，服装を準備しておく。

育てたい資質・能力	知・技	・スクラッチで表す自分の感覚や行為を通して，いろいろな形や色などに気付く。 ・クレパスやコンテパステルに十分に慣れる。 ・手や体全体の感覚などを働かせ，表したいことを基にクレパスやコンテパステルの使い方を工夫して表す。
	思・判・表	・いろいろな形や色などを基に，自分のイメージをもつ。 ・題材名に感じたこと，想像したことから，表したいおばけの形やパーティーの様子を見付ける。 ・好きな形や色を選んだり，いろいろな形や色を考えたりしながら，どのように表すかについて考える。 ・作品の造形的な面白さや楽しさ，表し方などについて，感じ取ったり考えたりし，自分の見方や感じ方を広げる。
	学・人	・つくりだす喜びを味わい，楽しく想像したことを基にスクラッチで表したり鑑賞したりする学習活動に取り組もうとする。

おばけのおたんじょうびパーティー
（40×40cm）

「削った時にクレパスが素敵にカラフルになるように，紙を塗る時にいろいろな色のクレパスを使った。」

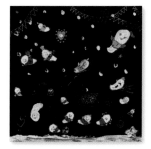

よるのおばけパーティー（40×40cm）

「おばけを液体粘土でかくのが難しかった。黒い部分を削ってみたらグラデーションになっていて，いろいろなきれいな絵がかけた。」

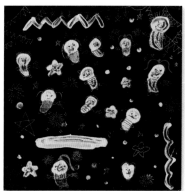

「隙間なく塗るのが難しかったけど，クレパスがグラデーションになってよかった。」

いろいろなおばけたち（40×40cm）

「同じ色でまとまらないように，紙を塗る時に工夫しました。クレパスのグラデーションがきれいになるように頑張りました。それから，おばけを小さくたくさんかいて，パーティーみたいにしました。」

おばけのパーティーで大さわぎ！（40×40cm）

「グラデーションになるようにたくさんの色を使いました。クレパスの色がきれいでかわいかったです。おばけの大家族が楽しくパーティーをしているように，頑張って削りました。」

大家族のおばけのハチャメチャパーティー☆
（40×40cm）

3　指を使い，思い思いにおばけを表現する。

● 液体粘土をつけた手をおばけが踊っているイメージで動かしてかくようにする。
● 指を素早く動かす，ゆっくり動かす，大きくかく，小さくかく，しっかり塗る，かすれさせるなど，いろいろな表現ができることを紹介する。

4　想像を広げ，スクラッチの技法を生かして自分の思いに合った表し方で表現する。

● スクラッチの技法を実演して見せる。
● 黒い画面を削ると色があらわれることを知らせて，おばけの周りにどんな形や模様をかくとパーティーらしくなるか問い掛ける。
● 液体粘土が乾いたことを確かめてからおばけの表情などをかくように伝える。

活動を終えて　▶▶▶　スクラッチすることからできる形や色，模様から想像を膨らませてかくことを楽しめていたか。

あったらいいな　こんなピザ

好きな味やトッピングなどを想像しながら，実際にピザをつくるような順序で
世界に一つだけのおいしいピザの絵をかく活動です。
お店に出したら人気のピザになるように形やおいしそうな色を工夫して表します。

材料・用具

クレパス，画用紙（八つ切り），色画用紙（八つ切り／10色程度），
はさみ，のり，新聞紙

事前準備

・好きなピザの種類や味，トッピングについて話し合い，
　活動に対する興味・関心・意欲を高める。

ピザ屋さんに
なったつもりで，
どんなピザにするか
考えてかき始める。

「私は星形の
かっこいいピザにしよう！
いろいろトッピングを
乗せて……」

「ぼくのピザ
おいしそうでしょ！」
「ぼくのだって
カラフルにしたよ！」

かいたピザを乗せる
トレイにする
画用紙の色を選ぶ。

「トレイにおいしそうに乗せて，ナイフやフォークもつくるよ。」

活動の展開

1 お店にこんなピザがあったらいいなと 思う形や味について想像を膨らませる。

2 ピザをつくる順序で形をかき， 好きなソースやチーズの色を重ねる。

指導のポイント

● 自分の好きな形や「あったらいいな」と思う形を
　考えながら，ピザの生地をつくることを提案する。
● 「白い画用紙に白のクレパスで強く塗り込むと，
　本当に粉が出るよ」と声掛けし，興味，意欲がも
　てるようにする。

● 「考えた形を大きくかくと，いろいろな味が楽しめ
　るね。どこに何味のソースを塗ろうかな？」と投
　げ掛け，好きなソースのおいしそうな色を選んで
　塗るように伝える。
● 更にチーズの色を重ねて塗ることで，色の変化
　やできた色の美しさに気付くようにする。

技法リンク　▶▶　　線描・面描 P.022　　重色 P.024　　混色 P.026　　スクラッチ P.032

知・技	・ピザ屋さんになった気持ちでクレパスを塗り込んでいく自分の感覚や行為を通して，いろいろな形や色などに気付く。 ・クレパスやはさみ，のりなどに十分に慣れる。 ・手や体全体の感覚などを働かせ，表したいことを基に表し方を工夫して表す。
思・判・表	・塗り込んだいろいろな形や色などを基に，自分のイメージをもつ。 ・ピザ屋さんになったらつくってみたいピザについて感じたことや想像したことから，表したいことを見付ける。 ・好きなピザの形や色を選んだり，いろいろな形や色を考えたりしながら，クレパスでどのように表すかについて考える。 ・かきだしたピザの造形的な面白さや楽しさ，表し方などについて感じ取ったり考えたりし，自分の見方や感じ方を広げる。
学・人	・つくりだす喜びを味わい，楽しくあったらいいと思うピザを絵に表したり，鑑賞したりする学習活動に取り組もうとする。

「みんなの自慢のピザが完成！
おいしそうでしょ！」

「ぼくはぶどうの形のピザにしたよ！
だれも思い付かなかったよ！」

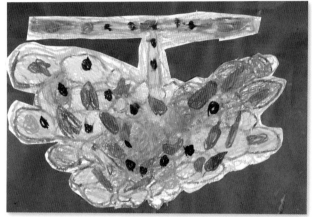

ぶどうピザ（八つ切り）

ハートピザ（八つ切り）

「おいしそうだね。食べてみたいな。」

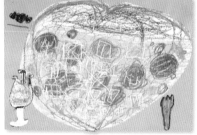

スペシャルピザ（八つ切り）

「引っかいてかいたら，びっくり！
きれいな白い線が出てきたよ！」

学校スペシャルピザ（八つ切り）

「学校の形のピザだよ！」

3 好きな具材をトッピングして，おいしそうな自分だけのピザをつくる。

- 「トッピングしたい具を考えて，どんどん乗せていこう！形や色がはっきり分かるように強くかこう」と声掛けをする。
- こする，引っかくなど，児童が工夫して見付けた表現方法は全体に紹介する。

4 できたピザを切り取り，好きな色のトレイに貼り，みんなのピザを並べて見る。

- はさみの扱いを確認し，ピザを丁寧に切り取る。
- トレイに見立てる色画用紙から，自分の好みやピザに合う色を選ぶ。
- みんなのピザを黒板に貼って見合ったり自分の工夫を発表したりして，表現の工夫や楽しさを見付けられるようにする。

活動を終えて ▶▶▶ クレパスのかき方や塗り重ね方を工夫し，かきたいと思ったピザを表せていたか。

わたしのお気に入りの「ここ」

いつも遊んでいる場所や，楽しく過ごしている場所など，
校内のお気に入りの場所を，かき方を工夫して絵に表す題材です。
そこで過ごしている時に感じた気持ちを思い浮かべながら表せるようにします。

材料・用具

クレパス，コンテパステル，クーピーペンシル，画用紙（四つ切り），
ぼかし網

事前準備

・校内のお気に入りの場所を考え，
　思い出やその時の気持ちを思い浮かべておくよう伝えておく。

校内を巡り，
お気に入りの
場所を見付ける。

ピアノを弾いているときの
ドキドキを思い出しながら。

「ピアノを弾いていると，みんな
が上手だねと言ってくれました。
うれしかった気持ちを，音が
広がっていくようにかきました。」

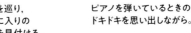

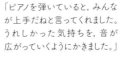

クーピーペンシルを
削ったものを
のりで貼って
わくわくした気持ちを
表現する。

うれしい！ 学きゅうのピアノをかなでると （四つ切り）

活動の展開

指導のポイント

1　普段の学校生活を思い起こし，自分の「お気に入りの場所」を考える。

- 「学校の中で，いつも遊んでいる場所や楽しく過ごしているような，お気に入りの場所を絵に表して教えてね」と提案する。
- 実際に校内を巡り，「お気に入りの場所」を考えたり，見付けたりする時間を十分に取る。

2　感じたことや思ったことから表したいことを考え，試しながら表す。

- 選んだ場所で感じたことや思い出したことなどを聞き合う時間を設け，板書に整理する。
- お気に入りの場所での思い出や，その時に感じていた気持ちを思い浮かべながら絵に表すよう促す。

入学式の日に
満開に
咲いていた桜を,
コンテパステルの
粉を指につけて
スタンピングして表す。

「学校にある大好きな水槽。海藻がゆらゆらして癒される様子を, コンテパステルでぼかして表した。」

いやされた水そう (四つ切り)

大好きな水槽を見て
癒される気持ちを,
様々な色の
コンテパステルを削り,
ぼかして表している。

クーピーペンシルを
寝かせて使い,
運動場のざらざらした
感じを表す。

「休み時間におにごっこをして遊ぶ校庭。楽しい気持ちを表すために, 木の葉を黄色にした。」

風になったぼく (四つ切り)

3 イメージや感じた思いに合うように, 表し方を工夫して表す。

- 児童がイメージに合わせて使えるよう, クレパスやコンテパステル, ぼかし網などの用具を整えておく。
- 学習中や授業の合間に, 自然に鑑賞し合えるような環境を整えたり, 交流する時間を設けたりする。

4 自分や友人の活動の表現のよさや面白さを感じ取る。

- 自分や友人がどのような「お気に入りの場所」を表そうとしたか, またそのためにどのような工夫をしたかを伝え合う場を設ける。
- ワークシートを配布し, 話し合って感じたことや考えたことなどを書くよう促す。

活動を終えて ▶▶▶ 児童が表したいことに合わせて, クレパスやコンテパステルの使い方を工夫して活動していたか。

たのしかったよ, うれしかったよ うんどうかい

学級や学年の友人と一生懸命に取り組んだ運動会。
運動会で感じた思い, 楽しかったこと, うれしかったことなどを
形や色の造形的な視点で捉え, クレパスを使って絵に表す活動です。

材料・用具

クレパス, 画用紙（四つ切り）, 色づくりを試すための小さな紙
（端材でよい）

事前準備

・「運動会でどんなことが楽しかったことか,
　うれしかったことか考えておいてね」と伝えておく。
・4人程度の班をつくっておく。

楽しかったことを
思い出しながらかき始める。

手のひらでかいたり
指で伸ばしたりする。

イメージに合う色を
試行錯誤して
つくりだす。

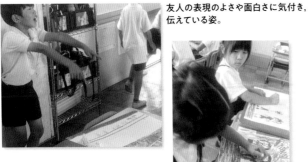
机を班の形にすることで
自然な鑑賞が生まれる。

友人の表現のよさや面白さに気付き,
伝えている姿。

楽しかった
気持ちを
思い出し,
夢中になって
表す。

活動の展開

1 教師からの提案を聞き,
表したい自分の思いについて考える。

2 クレパスで楽しかった場面をかく。

指導のポイント

- 「みんな, 運動会でうれしかったなあ！すごいな
  あ！がんばったぞ！と思ったことって何かな」と問
  い, 児童の思いを引き出す。
- 「運動会で感じた思いを絵に表してみよう」と提
  案する。
- 数名の考えを板書し, 活動について見通しをもつ。

- 表したいことに応じて, 画用紙を縦にしても横に
  してもよいと伝える。
- クレパスの先が汚れている場合にはティッシュ
  ペーパーなどで汚れを拭き取るように促す。
- 座席を班の形にし, 友人のよいところを見付け
  やすくする。必要に応じて, 自分の席を離れても
  よいことを伝える。

　技法リンク ▶▶　　線描・面描　　　重色　　　　混色
　　　　　　　　　　　　　　P.022　　　　　P.024　　　　P.026

育てたい資質・能力	**知・技** ・クレパスで楽しかった思い出をかく自分の感覚や行為を通して，いろいろな形や色などに気付く。 ・クレパスに十分に慣れる。 ・手や体全体の感覚などを働かせ，表したい運動会の様子を基に表し方を工夫して表す。
	思・判・表 ・楽しかった運動会の場面のいろいろな形や色などを基に，自分のイメージをもつ。 ・運動会の経験から感じたこと，想像したことから表したいことを見付ける。 ・好きな形や色を選んだり，いろいろな形や色を考えたりしながら，運動会の場面をどのように表すかについて考える。 ・楽しかった運動会の表し方などについて，感じ取ったり考えたりし，自分の見方や感じ方を広げる。
	学・人 ・つくりだす喜びを味わい，楽しく運動会の思い出を絵に表したり鑑賞したりする学習活動に取り組もうとする。

「いろんな色で，空やにじや雲や太ようをかきました。友人がおうえんしてくれて，とてもうれしかったです。わたしの思いが上手にかけたと思います。」

「おうえんしてくれて，ありがとう」（四つ切り）

楽しい楽しい雨の日の運動会 （四つ切り）

「運動会をもっと楽しくさせたいと思ってかきました。雨の中でもお父さんが応援してくれてうれしかったです。空にはねずみのような雲が見えました。」

がんばったよ。人玉ころがし （四つ切り）

「クラスのみんなでがんばった大玉転がし。画用紙いっぱいにかきました。『そろそろだな』ときんちょうした気持ちや『赤組，やったー』といううれしかった気持ちをたくさんの色でかきました。」

3 クレパスの特長や経験した技法などを基に，表し方を工夫して表す。

● 自分の表したいことに合う色を見付けられるよう，色づくりを試すための小さめの画用紙を使うよう促す。
● 工夫してかこうとしていることを認める声を掛け，意欲を高める。

4 自分や友人の活動や作品のよさ，面白さを感じ取る。

● 自分や友人がどんな思いを絵に表そうとしたのか，どんなクレパスの表現の工夫をすることができたのかを伝え合う場を設ける。
● 表現への思いや，表現の工夫についての発言を取り上げ，全体に広げるようにする。

活動を終えて ▶▶▶ 児童が表したいことに合わせて，クレパスを使って活動していたか。

あったらいいなこんなカラオケ

『うみのカラオケ』のお話を聞いて，どんなカラオケがあったら楽しいかを考え，
絵に表す題材です。お話を基に自分だけのカラオケの世界が広がるとともに，
どんな歌い手がどんな曲を歌っているかを想像し，形や色を工夫して表していきます。

材料・用具

クレパス，画用紙・色画用紙（四つ切り），割り箸，
古はがき，ペーパータオル，
スズキコージ『うみのカラオケ』（クレヨンハウス，1996）

事前準備

・『うみのカラオケ』の絵本を用意する。
・友人と話し合うためにペアをつくっておく。
・学年や学級の児童の実態に合わせてワークシートを活用するのもよい。

こんなカラオケが
あったら楽しいだろうと
「○○のカラオケ」の
お話を想像しながら
かき始める。

場面の様子を
考えながら，
いろいろなクレパスの
使い方を工夫する。

クレパスを重ね塗り
したところを
割り箸で引っかき，
蝶の羽根に細かい
模様をつける。

ちぎったはがきの縁に
クレパスで色を塗って
画用紙の上に置き，
ペーパータオルで
ステンシルをする。

活動の展開	**1** お話を聞いて,どんなカラオケがあったら楽しいか考える。	**2** 登場人物や周りの様子などの想像を膨らませながらかき始める。
指導のポイント	● 絵本『うみのカラオケ』を読み聞かせ，次はどんな歌い手が登場するか想像するよう促す。 ●「山のカラオケ」だったらどんな歌い手が登場するか，全体に問い掛けることで，表現する場面のアイデアを引き出すようにする。 ●「森のカラオケ」「空のカラオケ」など，一人一人の自分が表したい「○○のカラオケ」を大切にする。	● どんな歌い手や聞き手がいるのか登場人物を問い掛けたり，歌う曲について「元気な」や「静かな」など曲想を問い掛けることで，児童が表現する場面を具体的に想像できるようにする。 ● 一人一人の表現したいカラオケの様子を共感的に受け止めるようにする。

「花火が上がってカラオケが始まりました。ウサギが楽しくデュエットしています。」

森からウサギが飛び出して歌うカラオケ (四つ切り)

「ゴリラの親子が気持ちよくカラオケを歌っています。」大きな声なので木の枝も揺れている。

ジャングルのカラオケ (四つ切り)

ヒトデおんどでみんながおどる (四つ切り)

「ヒトデのアイドルがかわいい衣装で歌っています。見に来た人も踊っています。」音符の色や大きさでにぎやかな感じを表した。

うたのようせい (四つ切り)

「歌の上手なようせいが歌うと, みんなが集まって聞いています。」

たのしい森 (四つ切り)

「青い鳥が歌うと山も川も木も雲もマイクを持って歌って踊ります。」

3 材料や用具を工夫して使い, 場面の様子や歌っている曲のイメージが伝わるようにかく。

- 楽しく想像し, 思いのままの形や色で表していることを称賛する。
- クレパスを使っていろいろな表現方法を試したり, 技法を全体に紹介したりする場を設ける。

4 自分や友人の作品を鑑賞し, 表したいことや表し方の楽しさを感じ取る。

- 自分の作品を解説する名札をつけた後, 全員で鑑賞会を行い, 友人と感じたことを伝え合う場を設ける。
- 鑑賞会の中で, 形や色の工夫が楽しさや曲の感じの表現とつながっているところを取り上げ, 紹介する。

活動を終えて ▶▶▶ 自分が想像した「○○のカラオケ」の様子になるように, クレパスのかき方を工夫していたか。

ふしぎな生き物

海の中にいたら面白いなと思う不思議な生き物を，形や色を選んで表す題材です。
生活経験を基にそれぞれがイメージを膨らませたり，
クレパスの味わいを楽しんだりしながら表せるようにします。

材料・用具

クレパス，コンテパステル，画用紙（四つ切り），
色画用紙（四つ切り），ぼかし網

事前準備

・児童たちが思い付きそうな海の生き物や，
少し変わった海の生き物の写真を用意しておく。

不思議な魚を思い付き，
思うままに表現し始める。

ぼかし網でコンテパステルを削り，
指でぼかして，透明な感じを表現する。

表現している途中で，「おはなし台」に立って
みんなに見てほしいポイントを紹介する。

友人の
表現のよさに
気付き，
どのように
工夫したのか
尋ねる。

お話がどんどん膨らみ，
どんな生き物か
イメージしながら進める。

活動の展開

1　海にいる不思議な生き物をイメージする。

指導のポイント

- 「ダイオウイカ」のニュースや，海水浴などの生活経験を掘り起こして海の生き物への関心を高め，見たこともない海の不思議な生き物を絵に表すことを提案する。
- 形や色やその訳，好きな食べ物や暮らしている場所などを想像できるよう，児童の発言を整理して板書する。

2　想像したことを基に表現方法を考えたり，試したりしながら表す。

- クレパスやコンテパステルなどの経験や技能を振り返り，表したいことに合わせてどのような表し方ができるか考えたり試したりできるようにする。
- 児童が「いいこと思い付いた！」「みんなにお尋ねしたい」といったタイミングで黒板の前に用意した「おはなし台」で話ができるようにする。

「いろいろな海藻を食べたから，体が海の中になった。海の中の感じが出るように，濃く塗る部分と指でぼかす部分に分けて表した。」

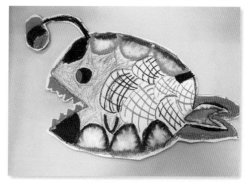

「いろいろな色の魚を食べたから体がいろんな色になった。体が光っている感じを出すのに，クレパスを指でこすってぼかした。」

きらきら　ざかなちゃん（四つ切り）

ライト（四つ切り）

「まぼろしの海を走り回る力強さを表したかったので，クレパスで濃く塗り込み，コンテパステルで海のもやもやを表した。」

「めずらしい生き物にするために，できるだけぐにゃぐにゃにかいたり，周りにコンテパステルを削って，歯ブラシで広げたりした。」

なぞの生き物いっぱいいる！（四つ切り）

なにあれ！？ふしぎな生き物（四つ切り）

3 イメージに合わせて，表し方を工夫して表す。

- 児童がイメージに合わせて使えるよう，材料や用具を提供する。
- 友人の表現を自然と鑑賞できるよう，材料や用具の配置場所をいくつかに分けた場の設定をする。
- 児童の表し方の工夫を取り上げて，全体に紹介する。

4 自分や友人の活動の，表現のよさや面白さを感じ取る。

- 自分や友人が，どのような生き物を想像し，工夫して表したかを伝え合う場を設ける。
- 不思議な生き物の紹介カードを書き添えて展示する。
- クラスの友人だけでなく，他学年にも紹介する場を設ける。

活動を終えて ▶▶▶ 表したいものに合わせて，クレパスやコンテパステルの扱い方を工夫して活動していたか。

「かさこじぞう」のつづきのお話

国語科で学習した「かさこじぞう」の続きの話を想像してつくり，
その話の一場面を絵に表す題材です。
楽しく続きの話を考え，想像したことをクレパスや色鉛筆，絵の具を使って表します。

材料・用具

クレパス，色鉛筆，共用絵の具，画用紙（四つ切り）

事前準備

・国語科や学活などの時間を活用して，既読の物語の続きの話
　を文章に表す活動をしておく。
・つくった話を交流し，場面のイメージを膨らませておく。

クレパスを寝かせてかいたり，ぼかしたり，
これまでの経験を生かしてかく。

クレパスが絵の具をはじくことを生かして，
背景の薄い色を絵の具で塗る。

表したいことやものに合わせて，
材料や用具を選ぶ。（色紙で貼る表現）

かくことに没頭して取り組む。

活動の展開

1 「かさこじぞう」の続きの話を考え，表したい場面を決める。

2 自分がつくった続きの話を紹介し，絵に表したい場面を考えてかき始める。

指導のポイント

- 国語科で「かさこじぞう」を扱った後，児童に「この後，おじいさんやおばあさんとお地蔵さんはどうなるんだろう」と続きの話を考えて文章でかくことを提案する。
- 続きの話の中で，気に入っている場面や，話の内容がよく分かる面白い場面などを絵に表そうと投げ掛ける。

- 全員の続きの話を事前に読み，一人一人がかきやすい場面を想定しておき，かく場面が決められない児童には相談に乗り，助言する。
- 自然と周りの様子に目を向け，自分や友人の表したいことや表し方に気付き，見方や感じ方を広げられるように共用絵の具などの材料や用具の配置を工夫して教室の環境を設定する。

技法リンク ▶▶　線描・面描 P.022　　重色 P.024　　バチック P.036

<table>
<tr><td rowspan="4">育てたい資質・能力</td><td>知・技</td><td>・物語から想像して続きの話の場面をかく自分の感覚や行為を通して，いろいろな形や色などに気付く。
・クレパスや色鉛筆，共用絵の具や筆などに十分に慣れる。
・手や体全体の感覚などを働かせ，表したい物語の場面の様子を基に表し方を工夫して表す。</td></tr>
<tr><td>思・判・表</td><td>・いろいろな形や色などを基に，自分のイメージをもつ。
・物語から続きの話をつくることで感じたこと，想像したことから，表したい場面を見付ける。
・好きな形や色を選んだりいろいろな形や色を考えたりしながら，表したい場面の様子をどのように表すかについて考える。
・続きの話に合った場面の様子の表し方などについて，感じ取ったり考えたりし，自分の見方や感じ方を広げる。</td></tr>
<tr><td>学・人</td><td>・つくりだす喜びを味わい，楽しく物語を基に絵に表したり，鑑賞したりする学習活動に取り組もうとする。</td></tr>
</table>

「じぞうさまからいただいた正月の食材でつくったご馳走を，じぞうさまを家に招いて一緒に食べる様子を表した。」（四つ切り）

「大きなお城を建てたじさまとばさまが，じぞうさまたちを招待して，パーティーをしているところ。」（四つ切り）

「クレパスが絵の具をはじくことを使って，星や雪をクレパスで表し，背景を絵の具で塗っている。」（四つ切り）

「じぞうさまの足跡をたどって，じさまとばさまがじぞうさまにお礼を言いにいく様子を表しました。」（四つ切り）

「お金持ちになったじさまが，じぞうさまに恩返しに行く様子を表しました。」（四つ切り）

3 表したいことやものに合わせて，表し方を工夫して絵に表す。

- 表したいことやものに合わせて材料や用具を使えるように，クレパスや絵の具の特徴を確認する。
- 下絵などに拘らず，クレパスや絵の具で直接かくようにする。

4 「かさこじぞう」の続きの話の鑑賞発表会をする。

- 自分や友人の表したことや表し方の面白さや楽しさを感じ取ったり，考えたりできるよう交流する場を設ける。
- 話を聞いたり，絵を見たりしながら，想像した話の世界を楽しんだり，更に想像が膨らんだりするように交流する。

活動を終えて ▶▶▶ 児童がこれまで経験してきたクレパスや色鉛筆，絵の具などを使って，表したい物語の場面を表すことができていたか。

感じたままに　春

自分が感じたままに絵をかく題材です。
春の空気を胸いっぱい吸い込んで，感じたことを大切に，
春を形や色で表します。

材料・用具

クレパス，コンテパステル，画用紙（八つ切り，正方形，縦八つ切り），ぼかし網，皿，筆，新聞紙など

事前準備

・天候や植物の開花時期などを踏まえて授業日を設定する。
・画用紙をいろいろなサイズに切っておく。

花の香り，ほほをなでる風，鳥のさえずりなど，春を体全体で感じている。

指先で勢いよくこすり，春の風と揺れる花を表している。

コンテパステルを粉にして水と混ぜ合わせることで生まれる色や表現を楽しむ。

筆を軸に中心がずれないように動かし方を工夫しながらかく。

長いストロークで感じたままに春の匂いを表そうとしている。

「春の風がとても心地よく，春が来たうれしさを表した。」

水でかいた後，コンテパステルの粉をつけると風が表現できた。

活動の展開

1 外へ出て自分の体全体で春を感じる。

指導のポイント

- 「自分の体でみたり・ふれたり・きいたり・におったりしながら春を感じてみよう」「どんなものやところに春を感じるかな」と提案する。
- 「チューリップと桜，どっちの匂いが好き？」「花びらはとっても柔らかいよ」と，触覚や嗅覚などの感覚を働かせて見付けていく。

2 材料や用具を生かし，表し方を考えたり，試したりしながら表す。

- 感じた春に合わせて児童が選べるように，かく材料や用具を準備する。
- 自分なりの春のよさや面白さを感じ取り，春のイメージを広げたりつなげたりして表し方を考えられるようにする。

技法リンク ▶▶　重色 P.024　混色 P.026　消す・溶かす・ぼかす P.038

**図工室へ向かう
階段にも展示して。**

いろんな自然 (38×38cm)

「ぽかぽかの
春の感じを表現した。」

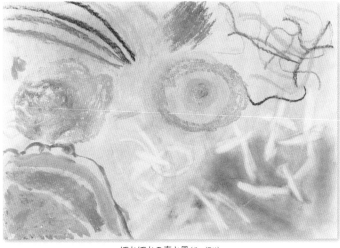

ぽかぽかの春と風 (八つ切り)

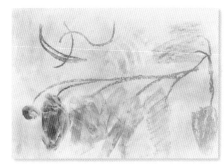

五感の春の実 (八つ切り)

3　表し方を工夫して表す。

● 自分が感じた春のイメージを大切に，表し方を
工夫して表す。
● 途中の作品を掲示し，児童同士が感じたことや
表し方の工夫を話し合う場を設ける。

4　自分や友人が感じたことや感じ方の工夫を伝え合う。

● 春の感じをどんな形や色で表したのかを伝え合
い，感じたり考えたりする場を設ける。
● できた作品は図工室へ向かう階段に掲示してお
き，いつでもよさを感じ取れるようにする。

活動を終えて ▶▶▶ 　感じた春の暖かさや匂いも感じながら表し方を工夫していたか。

まぜて まぜて あっ!

クレパスやクレヨンを使って色を混ぜたり重ねたりすることで
色が変化する様子を楽しみながら，身近な色を見付けます。
混色や重色を試しながら活動できるようにします。

材料・用具

クレパス，クレヨン，画用紙（八つ切り），はさみ，のり，
クレパスの先の汚れを拭き取るティッシュペーパー・布など

事前準備

・お互いの作品を見たり話したりできるよう
　机を班の形にしておく。

「混ぜたらどんな色ができるのかな?」
色づくりを実験のように楽しみたい。

「なんか
面白い色が
できてきた。」

「不思議な色に
なってきたぞ。」

混ぜるといろんな
色ができる。
「こんなにたくさんの
色ができた。」

「塗り重ねた
ところを
削ったら海と空が
あらわれたよ。」

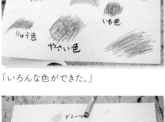

「いろんな色ができた。」

混ぜた色からは
身近なもの以外にも
いろいろなイメージが広がった。
「色に名前をつけてみたよ。」

活動の展開

1 混色や重色によって身近なものの色がつくれることを知る。

指導のポイント

- 混色や重色による色の変化の面白さを基に活動できるよう，混ぜたらどうなるか色の組合せを試して見せる。
- できた色をみんなで見て，「オーロラみたい」「焼きイモの色だ!」など，思いを伝え合いながら活動するよう勧める。

2 色を混ぜたり重ねたりして色をつくる。

- イメージが広がるよう，つくった色に自分なりの名前をつけてみるように促す。
- 色づくりの試みを広げることができずにいる児童には，混ぜてみる色の組合せを3例，4例と増やして試すよう伝える。

うみにうつっているジャングル

うみの中のさんごしょう色

混ぜた色から発想が広がる。
「おいしそうな
アイスの色ができたから，
アイスの形に切ろう。」

雨あがりのにじ色

夜の星空色

「食べたことのない色の
お菓子をつくったよ。」

「宝石の色が
できたから，
宝石箱にしました。」

おたからコレクション（八つ切り）

カラフルのおかしの国（八つ切り）

---

3 つくった色からイメージしたり
思い付いたりすることを楽しむ。

- 色の感じを表す児童の言葉を取り上げ，共感したり，友人と共有することを勧めたりする。
- 色の名前や感じを板書し，いろいろな感じができることを分かり合い，幅広い表現が楽しめる雰囲気をつくる。

4 自分や友人の作品の色のつくり方や
思い付いたことの面白さを感じ取る。

- お互いの思い付いたことや表し方を見て，感じたり，考えたりしたことを話し合う。
- クレパスやクレヨンのよさや面白さを感じ取れるよう，絵の具やカラーペンなど他の材料との違いを問い掛け，答える言葉を取り上げる。

活動を終えて ▶▶▶ クレパスやクレヨンで色を混ぜたり重ねたりし，
いろいろな身近なものの色ができることに気付けたか。

つみきタワー

積み木で遊んだ経験を思い出し，形や色の組合せなどを工夫して表す題材です。
一人一人の「つみきタワー」のお話を広げながら表せるようにします。

材料・用具

クレパス，絵の具用具，カラーペン，
画用紙（四つ切りを縦に裁断したもの）

事前準備

・積み木の話やタワーの形や特徴の話をする。
・四つ切りの画用紙を縦長に切り，用意しておく。

積み木をするように，
下から積み上げるようにして表す。

積み木の形や色を考える。
タワーの形を考えながら
形の組合せを思い付く。

クレパスの積み木が
積み上がったら，
絵の具で色を塗る。

バチックやたらしこみ，
にじみなど，
絵の具を使った
経験を生かして
色をつけている。

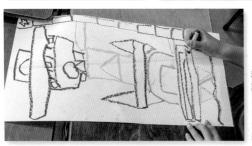

積み木は，
離れないように
かいていく。
クレパスは，
少し強めに
縁や模様をかいていく。

活動の展開

1 積み木の体験やスカイツリーなどのタワーの話から，今日の活動のおおよそを知る。

2 クレパスでつみきタワーをかく。

指導のポイント

- 積み木で遊んだ経験を話し合う時間を設け，活動の意欲を高める。
- 積み木の形やバランスを取らないと倒れてしまうことなどが思い浮かぶような言葉掛けをする。
- いろいろな形の大きな積み木で，自分の考えたタワーを考えられるように発問する。

- 地面の位置を決め，積み木を積み上げていくことを考え，自分のイメージするタワーをかいていくことを提案する。
- 積み上げる積み木の間に隙間が空かないように，また全体の形を考えながらかくことや，積み木の形や大きさ，色なども考えてかくよう伝える。

育てたい資質・能力	知・技	・積み木の形を組み合わせて表す自分の感覚や行為を通して、形や色、それらの組合せによる感じ、色の明るさなどが分かる。 ・クレパスや絵の具用具などを適切に扱う。 ・手や体全体を十分に働かせ、表したいことに合わせて形を組み合わせる、好きな色を選ぶなど表し方を工夫して表す。
	思・判・表	・積み木の形の感じ、色の感じ、それらの組合せによる感じ、色の明るさなどを基に自分のイメージをもつ。 ・積み木の形をかいたり組み合わせたりすることから感じたこと、想像したこと、形を見たことから表したいことを見付ける。 ・表したいことや組合せの形を考え、形や色、クレパスの特長などを生かしながら、どのように表すかについて考える。 ・作品の造形的なよさや面白さ、形の組み合わせ方などについて、感じ取ったり考えたりし、自分の見方や感じ方を広げる。
	学・人	・つくりだす喜びを味わい、進んで形を組み合わせて表したり、鑑賞したりする学習活動に取り組もうとする。

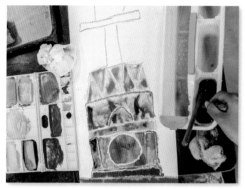

クレパスで縁取った積み木の中で
絵の具の色の変化を楽しんでいる。

色がついた「つみきタワー」。
新しい発想が生まれ、タワーやタワーの周り、
住人などをかき加えたくなる。

音符タワー (54×30cm)

絵の具の音符やクレパスの
スクラッチを加えている。

みんな喜ぶスイーツタワー (54×30cm)

クレパスやカラーペンで
かき加えている。

3 バチックすることを楽しみながら、絵の具を使う。

- クレパスが絵の具をはじくことを生かしながら、タワーに色を塗ることを示す。
- 着彩は、水の量を工夫したり、たらしこみを使ったりすることを児童の活動から紹介する。
- 絵の具が乾いてから、更にクレパスやカラーペンでかき加えられることを知らせる。

4 互いの作品を見合い、表現のよさや楽しさ、工夫などを発表し合う。

- 作品を展示して互いに見合えるようにする。
- ワークシートを書く機会を利用し、互いの作品をよく見たり、自分の活動を振り返ったりする。
- ワークシートを交換して感想を知らせ合う。

活動を終えて ▶▶▶ 形を積み上げたり、組み合わせたりして表したい「つみきタワー」を見付け、
クレパスや絵の具の特長を生かして活動していたか。

線でつなごう！ゆめの国

いろいろな線でつながることを楽しみます。
自分らしい線を表したり，つながりながら
楽しい自分の国を考えたりできるようにします。

材料・用具

クレパス，画用紙（全紙／模造紙や四つ切り画用紙を4枚つないだものでもよい。）

事前準備

・画用紙をつなぐ場合は事前にしておく。
・画用紙を広げて活動できるように児童机を4つ合わせる。

画用紙の角に自分の国を表す。

「ぐるぐる，くねくね，どんな曲げ方をしようかな？」

「よーし，友人と違う線をかくぞ。」

大きな紙で。
「体全体を使ってかくのは楽しいな。」

友人と見合いながら，自分が思い付く線をかく。

「線路でもつながったよ。」

「空いたところには，みんなで絵をかこう。」

活動の展開

1 学習の見通しをもち，自分の国を表す。

指導のポイント

- 自分の国と友人の国を線でつないで絵をかく学習であることを伝える。
- 学習の見通しがもてるよう，画用紙の角に自分の国を表してから，友人の国へ線をかいてあいさつに行くことを教師が実演して伝える。

2 自分の国と友人の国を線でつなぐ。

- 一人ずつ線をかき，お互いがかく線を見るよう促す。
- 「どんな曲がり方かな？」「どこを通るのかな？」と問い掛け，考えてゆっくり線をかけるようにする。
- 友人の国へ線で到着したら「こんにちは」「よろしく」とあいさつするよう促す。

ハチャメチャ四つの国（全紙）

「遠回りをした線が多いね。猫の線や星の線があるね。」

にぎやかなせかい（全紙）

みんなの国からその国のアイテムが飛び出した。
線を線路や波に見立てている。

みんなとつながっているゆめの国（全紙）

線がつながったり，交わったりして，いろいろな形が見
付かった。線で囲まれた形の面白さに気付いて着色し
たり，くるくる線を野球ボールに見立てたりしている。

---

3 周りに絵をかき足す。

- お互いの国が線でつながったら，絵全体を見渡
  し，「○○みたい」「○○な感じがする」など，見
  付けたことや感じたことを話し合う時間を設ける。
- 見付けた形や色から思い付いた絵をかき足そう
  と投げ掛ける。

4 他の班と絵を見せ合う。

- 自分たちの作品の形や色などの感じを基に題名
  を考えるよう促す。
- 友人の作品について，そのよさや面白さを感じ
  取ることができるように，どのように感じたか，形
  や色などについて話し合う場を設ける。

活動を終えて ▶▶▶　友人と協力してゆめの国をつなぐクレパスのいろいろな線を表せたか。

何の色グループでしょう?

図工室にある色をクレパスを使ってそっくりにつくる題材です。
つながりのある色をグループにして，
友人と何の色グループをつくっているのか想像して楽しみます。

材料・用具

クレパス，画用紙（12×25cm，6×25cm），ホチキス

事前準備

・提示資料としてあらかじめいくつかの色をつくっておく。

図工室の中から表したい色を探す。

指やティッシュペーパーなどを使い，
思う色に近付けていく。

手のひらに試行錯誤の跡が。

図工室の外にある色も探して。

「友人が見付けた色は
どんな色かな。」
彫刻刀の箱には
こんな色が
使われているそう。

活動の展開

1　学習のねらいと出会い，色グループカードのつくり方を知る。

指導のポイント

- 教室や図工室で見ることができる色をクレパスでつくり，児童に「これはどこの色でしょう」と問い掛ける。
- この学習の最後に，つくった色が「どこの」「何の色」かお互いに当て合う活動をすること，そのためのカードのつくり方を伝える。

2　そっくりな色をつくるためにはどうしたらよいか考える。

- 同じ白でも，壁，ホワイトボード，制服では少しずつ違うことに気付かせ，どうしたらそっくりな色にできそうか，意見を出し合うように促す。
- 活動の中でクレパスの色をたくさん混ぜている姿や，つくった色と実物を比べている姿などを紹介し，より「そっくりな色」になるよう促す。

　技法リンク ▶▶　　重色 P.024　　混色 P.026

育てたい資質・能力	知・技	・クレパスで身近な色をつくる自分の感覚や行為を通して，色の感じや色を混ぜたり重ねたりする感じが分かる。 ・クレパスの重色や混色の方法を適切に扱う。 ・手や体全体を働かせ，クレパスを使ってきた経験を生かし，つくりたい色に合わせて色の重ね方や混ぜ方を工夫して表す。
	思・判・表	・色の感じや色を混ぜたり重ねたりする感じを基に自分のイメージをもつ。 ・身近ないろいろなものの色から感じたこと，想像したことから表したい色や色グループを見付ける。 ・表したい色や色グループを考え，クレパスの特長を生かしながらどのように表すか考える。 ・自分たちの色や色グループの造形的なよさや面白さについて感じ取ったり考えたりし，自分の見方や感じ方を広げる。
	学・人	・つくりだす喜びを味わい，身近な色や色グループを表したり，そのよさや面白さを鑑賞したりする学習活動に取り組もうとする。

グループの色を
一つ一つカードに集めていく。

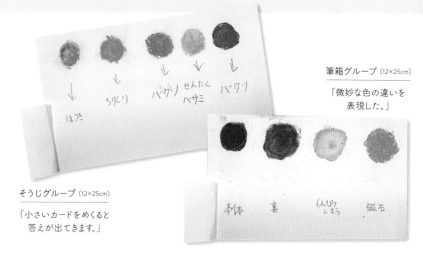

筆箱グループ (12×25cm)

「微妙な色の違いを
表現した。」

そうじグループ (12×25cm)

「小さいカードをめくると
答えが出てきます。」

会話をしながら鑑賞する様子。

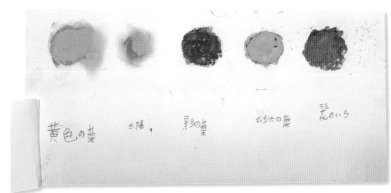

窓から見える自然グループ (12×25cm)

3 グループを考え，カードに色を集めていく。

● 様々な色のつながりを見付けている活動を紹介し，全体で共有する。

● 一つのカードができたら，新しくつくってよいことを伝える。その時，違ったグループのつくり方も試してみるよう勧める。

4 何の色グループか，考えながらお互いの作品を鑑賞する。

● カードには，ワクワクしながら見られるように色グループのヒントを書くなど工夫することを勧める。

● 鑑賞の活動を通して気付いたことや，紹介したい友人がつくった色グループのよさや面白さを全体で共有する。

活動を終えて ▶▶▶　表したい色になるように，色の調整をしたり，
様々な色のつながりを見付けようとしたりしていたか。

アートが生まれた

形や色，それらの組合せや重なりの感じから
表したいことを見付けて表します。
試したり，考えたりする時間を十分に取りながら活動します。

材料・用具

クレパス，コンテパステル，絵の具用具，画用紙（13.5×19cm），
段ボール，ぼかし網，ブラシ，刷毛，ビー玉，ストロー，
トイレットペーパー，新聞紙など

事前準備

・いろいろな材料や用具を児童が選べるように分類して用意する。
・活動前には，机を汚さないように新聞紙を敷く。

別の紙に塗ったクレパスを
トイレットペーパーにつけて……

画用紙に，
ポンポンとつけてみる。

コンテパステルで
色をつけた上から，
絵の具のついた
ビー玉を
転がしてみる。

「コンテパステルの粉をつけた指でかいてみよう。」

「絵の具で塗った上に
コンテパステルの粉を
落としたらどうなるかな。」

活動の展開

1 用具を知り，どのような表し方が できるか考える。

指導のポイント

- クレパスやコンテパステルでどのようなことができるか話すよう提案する。
- 用具を配り，更に何ができるか投げ掛ける。
- 試しながら自分が楽しさやよさを感じることができる表し方を見付ける時間を十分に取る。

2 いろいろ試し，色の感じや 形の組合せを工夫して表す。

- クレパスやコンテパステルでかく力の入れ方や動きなどを変えたり，いろいろな使い方を試みたりしていることを取り上げ，必要に応じて学級で共有する。
- 重なった色，偶然できた形の面白さを近くの友人と紹介し合える時間を設ける。

まぼろしの世界 (19×13.5cm)

「コンテパステルを削って
完成した作品だよ。」

「いろいろな色をこすって，
優しい感じになったよ。」

天気のまほう (19×13.5cm)

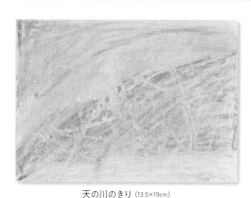

天の川のきり (13.5×19cm)

「コンテパステルの上に白のクレパスを重ねて，
更にコンテパステルの粉をかけたよ。」

「クレパスとコンテパステルの上に
スパッタリングの技法で
小さな点々をつけてみよう。」

レインボーのくに (13.5×19cm)

「ふしぎな世界になったよ。」

3 素敵な題名をつける。

● お気に入りの作品に，題名をつけるように提案
する。
● 厚紙に作品を貼り，題名を読みながら鑑賞し合
う場を設ける。

4 鑑賞する。

● 色の感じや形の面白さ，表し方の工夫を見付け
るよう，自分や友人の作品を見合う場を設ける。
● 偶然できた形や色からつけた題名にも注目する
ように伝えておく。
● 一人一人のよさを見付けられるように，時間を
設ける。

活動を終えて ▶ ▶ ▶ 　材料や用具の特徴を試しながら，表したいことを見付けたり，
工夫して表したりしていたか。

まほうの粉をふりかけて

のりやクレパスでかいた上にコンテパステルの粉を
ふりかけると独特の色の感じになります。
できた感じを基に発想を広げて表す題材です。

材料・用具

クレパス，コンテパステル，画用紙（八つ切り），液状のり，
ぼかし網，新聞紙

事前準備

・同時に何人もできるように，新聞紙を広げて，
　コンテパステルの粉を落とす場所を広めに用意しておく。
・思い付いたことをどんどん試せるように画用紙は多めに用意しておく。

クレパスでかいた上から
コンテパステルの粉を
ふりかけると……

「色がつくよ。
この方法を使ったら
どんな絵がかけそうかな。」

「コンテパステル
の粉をかけた感
じからオーロラの
絵を思い付いた
よ。」

オーロラ（八つ切り）

「粉のかけ方や
色を工夫したら
おしゃれなクラゲ
のパーティーの絵
がかけたよ。」

「新聞紙を用意してコンテパステルの
粉を落とす場所をつくろう。」

「液状のりでかいてもできるよ。
やってみよう。」

クラゲのパーティー（八つ切り）

活動の展開

1 クレパスやのりとコンテパステルの粉を使った表し方を知る。

指導のポイント
- 白のクレパスでコンテパステルの色を浮かび上がらせる方法の面白さを味わい意欲を高める。
- 粉を落とす場所など，場の設定を伝える。

2 形や色の感じを楽しみながら，表したいことを思い付く。

- 失敗を恐れず，進んで活動を楽しめるように必要な枚数を使える紙の置き場を設定しておく。
- 色が薄くて満足できないときには粉を多めにふりかけたり，指で押さえたりしてもよいことを伝える。

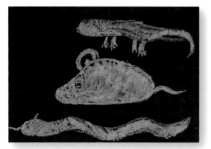

3人のレース (八つ切り)

ぎんが (八つ切り)

「ぎんがの絵がかけたよ。」

「ムテキのイカが
かけたよ。色を濃
くするために粉を
たくさんかけて工
夫したよ。」

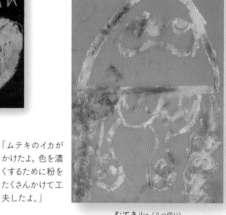

むてきika (八つ切り)

夜の海のにじ色さかなたち (八つ切り)

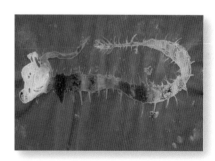

ぬしのりゅう (八つ切り)

3 表したいことに合わせて、ふりかけ方や色の組合せなどを工夫して表す。

● 粉をつくったり、ふりかけたりするばかりの児童には、そのよさに気付けるよう、できた色の感じについて聞いたり話したりする。

● 多様な表し方があることに気付けるように、色の並べ方や組合せなどの工夫について交流する時間を設ける。

4 自分や友人の作品の思い付いたことや表し方のよさや面白さを感じ取る。

● 様々なよさを共有できるように、お互いのアイデアや表し方を見て思ったことや感じたことを話したり聞いたりする場を設ける。

● クレパスやクレヨン、絵の具、ペンなど、他の描画材料との違いに気付き、そのよさや面白さが分かるよう、教師も話し合いに参加する。

活動を終えて ▶ ▶ ▶ クレパスやのりでかいた上にコンテパステルの粉をふりかけることでできる色の感じを味わいながら活動していたか。

けずってワクワク

クレパスで塗りつぶした上からアクリル絵の具を塗り，
乾いた表面を，つまようじや竹串など先の尖った用具で削ると色や模様があらわれます。
その方法を基に発想やイメージを広げて表す題材です。

材料・用具

クレパス，アクリル絵の具，画用紙（八つ切り），ローラー，
竹串，割り箸，粘土べら，フォーク，新聞紙

事前準備

・児童が選べるよう，アクリル絵の具は複数色用意しておく。
・スプーンやフォークなど，削った時の線の様子や太さが楽しく，
　発想が広がりそうなものを用意する。

「私は粘土べらを
使ってみたよ。
線の中も削ってみよう。」

「いろいろな種類の色を使って隙間なく濃く塗ると，
どんな線や模様があらわれるかな。」

「クレパスで塗った上にローラーで
アクリル絵の具を重ねよう。」

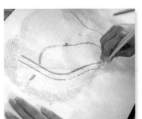

「割り箸を使ったら
2本並んだ線が
かけたよ。
不思議な模様が
あらわれた。」

「削る場所で
色が変わって面白いな。」

活動の展開

1 クレパスで塗った上からアクリル絵の具を
塗り，それを削って絵がかけることを知る。

2 削ってできる色や模様の感じを
楽しみながら，表したいことを思い付く。

指導のポイント

- クレパスを厚めにしっかり塗り込むと削りやすく
　なることを伝え，隙間なく厚めに塗るよう確かめ
　る。
- クレパスの色に早く重ねられたり，混色できたり
　するアクリル絵の具のよさを生かし，上から塗る
　色や塗り方を楽しめるように意欲を喚起する。

- 絵の具の乾き具合で感じが変わるので，少しず
　つ試しながら削るように伝える。
- 安心して活動できるよう，思い通りにならなかっ
　たところは絵の具を上塗りしてやり直すこともで
　きることを伝える。

育てたい資質・能力	知・技	・削って表す自分の感覚や行為を通して，形やあらわれる色，模様の感じ，それらの組合せによる感じなどが分かる。 ・クレパスやアクリル絵の具，ローラーなどの材料や用具を適切に扱う。 ・手や体などを十分に働かせ，表したいことに合わせて削り方や削ってできる形や色の組み合わせ方などを工夫して表す。
	思・判・表	・形やあらわれる色，模様の感じ，それらの組合せによる感じなどを基に自分のイメージをもつ。 ・削って表す形やあらわれる色，模様などから感じたことや想像したことから表したいことを見付ける。 ・表したいことや削って表す形やあらわれる色，模様などを生かしながら，どのように表すかについて考える。 ・自分たちの作品の形や色，模様の組み合わせ方などについて，感じ取ったり考えたりし，自分の見方や感じ方を広げる。
	学・人	・つくりだす喜びを味わい，進んで色や模様を基に表したり，鑑賞したりする学習活動に取り組もうとする。

「削ったらカラフルな線路ができたよ。うれしいな。」

「花火の絵をかいて，そこから思い付いたことをかきました。」

花火といっしょにドーン（八つ切り）

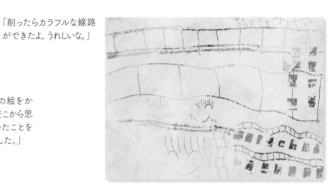

せんろをよろこぶ女の子（八つ切り）

夕日の空（八つ切り）

「夕日の空の絵ができました。波を工夫してかきました。」

夜の星空（八つ切り）

「夜の星空をイメージしてつくりました。」

3 表したいことに合わせて，削り方を工夫して表す。

● 下に塗った色と上に重ねた色の組合せからイメージが広がるようにする。
● 多様な表し方や工夫があることに気付けるように，削る用具や使い方などの工夫について意見を交流する場を設ける。

4 自分や友人の作品の思い付いたことや表し方のよさや面白さを感じ取る。

● お互いの作品のよさや面白さについて感じ取ったり考えたりしたことを伝え合う場を設ける。
● 必要に応じてクレパスや絵の具用具，ペンなどでかいたり塗ったりする方法との違いやよさについて気付けるよう声を掛ける。

活動を終えて ▶ ▶ ▶　アクリル絵の具とそれを削る形やあらわれる色や模様の感じ，それらの組合せによる感じを基に，思い付いて表現していたか。

だんボール島にたんけんに行こう！

こんな島があったら行ってみたいなと想像して表す題材です。
段ボール板の丈夫さや厚み，
クレパスの色の感じを生かして表せるようにします。

材料・用具

クレパス，はさみ，段ボールカッター，木工用接着剤，段ボール板，画用紙（八つ切り），たこ糸，モールなど飾ったり見立てたりできる身近な材料

事前準備

・家庭に協力を求めて段ボール板を集める。
　以前に使った残りの段ボール板でもよい。

「山から流れる川は海まで続くよ。」

川や滝，山や岩，木など色をつけながら表す。

経験を生かし，海の色を想像して，青，紫，緑などの色を重ねている。

「段ボールのごつごつ感が山にぴったり。」

「先生見て！こんなところにダイヤモンドがあるんだよ。」

活動の展開

1　教師自作の話から今日の活動を知り，つくりたい島のイメージをもつ。

指導のポイント

● 児童がイメージをもてるように，童話などで使われている島の地図を用意し，教師はそれにまつわる話をつくってする。
● 「大きな滝がある」「どんな動物がいるかな」など話題を具体的に広げる場を設ける。

2　島の形を考える。

● 手でちぎった段ボール板を基に岩や山のがたがたとした感じができることを伝える。
● ちぎった画用紙を利用して島の飛び地をつくり，橋を渡すなど付け加えて楽しんでいる児童に共感し，必要に応じて発想や構想を付け加えている活動を紹介する。

だんボールの宝島 (27×35cm)

小さな森 (24×37cm)

火山ふんか (25×35cm)

3 島にあるものを考え，色を塗りながら表す。

- 表す方法を共有できるよう，必要な時にクレパスで色を重ねたり，表したいことに合わせて材料などを選んだりしている作品を見るよう促す。
- 接着の方法を全体で確認し，色をつける順序を考えながら進めるようにする。

4 自分や友人の段ボール島を探検する。

- 探検する気持ちで友人の作品を鑑賞することを楽しむ。
- 見てほしいところ，注意してほしいことを発表することで，自分の活動を振り返る場を設ける。

活動を終えて ▶ ▶ ▶ クレパスの色の感じを生かすなど，活動しながら表したいことを見付けて表せたか。

3・4学年（4～6時間） ｜ 表したいことを基に表す ｜ うれしかったその時の気持ちが伝わるように，表し方を工夫して表す。

うれしかった気もちを

身近な生活から心に残ったことを思い出して表す題材です。
形や色の感じで思いを表せるようにします。

材料・用具

クレパス，コンテパステル，絵の具用具，画用紙（四つ切り）

事前準備

・うれしかったことを絵に表すことを事前（1週間程度）に伝え，考えておくよう促す。
・使いたい材料・用具について児童と確認し，一緒に準備する。

表したいことを見付けて
活動が始まる。

家族でキャンプに行って
楽しかったことを表す。

活動の途中や
授業と授業の間に
作品を見合って，
よさや面白さを
交流する。

プールの楽しさを
表情で表している。

「あの時の夕日の
美しさを表したい！」
コンテパステルをぼかして
優しい感じを表す。

うれしかった時には，
友人がそばにいてくれたことも
思い浮かべて表している。

楽しい気持ちを
表すために，
背景にたくさんの色を
使っている。

活動の展開	**1** うれしい気持ちになった出来事から絵に表したいことを考える。	**2** その時の気持ちが伝わるように表し方を考えて絵に表す。
指導のポイント	● 学校の行事や学習，毎日の生活から，うれしい気持ちになったことを考えたり話し合ったりする時間を設ける。 ● 表したいことを見付けながら，表現方法や材料などについても考えるよう促す。	● 表現方法や材料など，グループや学級で話し合う場を設ける。 ● 必要に応じて，表したいことを小さな紙にかいてみたり，クレパスやコンテパステルの扱い方を試してみたりすることを認める。

技法リンク ▶▶

| 線描・面描 P.022 | 重色 P.024 | 混色 P.026 | バチック P.036 | 消す・溶かす・ぼかす P.038 |

ドッジボールで勝った時の
うれしい気持ちを背景の色を
黄色にして表している。

「楽しい気持ちは赤！」
クレパスをぼかして
柔らかく表している。

家族で祝った
誕生日のうれしさを
友人に伝えている。

夕焼けがうつる砂浜（四つ切り）

はじめてふけたよ リコーダー（四つ切り）

はじめてみたロマンスカー（四つ切り）

とてもきれいなおんせん（四つ切り）

3 その時の気持ちがもっと伝わるように工夫しながら絵に表す。

● 作品から児童の思いや意図を捉え，表す工夫や意欲を認める。

● 表す工夫を交流できるよう，見たい時に席を離れて見て回ることを勧める。

4 表したかったことや表現のよさを感じ取ったり，話し合ったりする。

● 自分たちの作品を鑑賞し，表したうれしい気持ちや表現の工夫を伝え合うよう促す。

● 題名や表現の工夫，友人の作品を見て感じたよさや面白さなどをワークシートに書きながら振り返る。

活動を終えて ▶▶▶ うれしかったことやその時の気持ちを
形や色，材料の特長を生かして表すことができたか。

出てくる，飛び出す，あふれ出す

『アラジンと魔法のランプ』のお話を基に，
身の回りにあるものから不思議な風や色や香りなどが
「出てくる」「飛び出す」「あふれ出す」様子を想像して表す題材です。

材料・用具

クレパス，コンテパステル，絵の具用具，カラーペン，
画用紙（四つ切り），割り箸，スポンジ，ペーパータオルなど

事前準備

・パターンアートの簡単な模様を組み合わせていろいろな模様が
できるプロセスの資料を用意しておく。
・パターンアートの参考図を教室に掲示しておく。

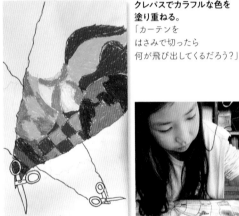

クレパスでカラフルな色を塗り重ねる。
「カーテンを
はさみで切ったら
何が飛び出してくるだろう？」

コンテパステルで塗った後，指でこする。
「ぼやけた感じにすると，
優しい幸せなイメージに合う。」

スポンジでスタンプのように彩色する。
「マジシャンの帽子から驚きと
不思議が飛び出すところ。」

筆跡を生かして彩色する。

扇風機から熱い風・涼しい風 （四つ切り）

活動の展開

1 「出てくる，飛び出す，あふれ出す」などの言葉から想像を広げる。

2 想像を広げたことから表したいことを考えたり，絵に表したりする。

指導のポイント

● 『アラジンと魔法のランプ』のお話を紹介し，ランプからいろいろなものが出てくる場面を思い浮かべるよう問い掛ける。
● 自分の身の回りにあるものから何かが出てきたら面白いことを想像する場を設ける。

● 「カーテンをはさみで切ったら…」「扇風機の風に混ざって…」と見付けた表したいことをメモするよう促す。
● 身の回りのものから目に見えないものが出てくる様子を思い浮かべる時間を十分に取る。
● 必要な児童には鉛筆で簡単にかいてみることを勧める。

　技法リンク ▶▶　重色 P.024　混色 P.026　スクラッチ P.032

南国の鳥の聞いたことのない鳴き声 (四つ切り)

南国の鳥はカラーペン, 鳴き声はクレパスで表している。

氷河の中から宝箱 (四つ切り)

氷河のイメージを白い絵の具の線で表した。

ショートケーキのおいしさ (四つ切り)

跳び箱から期待と不安 (四つ切り)

3 表したいことに合わせて,形や色,その組み合わせ方などを工夫して表す。

- 熱風は「黒いモコモコ」, 涼風は「雪の結晶と青色」など, 出てくるものを形や色の言葉で表すとヒントになることを知らせる。
- 思いに合わせて表す時間を十分に取り, 区切りのよい機会に工夫した表現方法を紹介し合う場を設ける。

4 自分や友人の作品の造形的なよさや面白さなどを感じ取ったり考えたりする。

- 作品に込めたストーリーやどんな場面なのかを話したり, 話し合ったりする鑑賞の場を設ける。
- 一人一人の作品から感じ取った形や色, 模様, それらの組合せの造形的なよさや面白さなどを伝え合うように促す。

活動を終えて ▶▶▶ 身近なものを基に想像したことを表すために, クレパスやコンテパステルの特長を生かすことができたか。

○○の空を飛ぶ まぼろしの鳥を求めて

「こうのとり」の学習をした4年生の児童が，
もしも私たちの学校の上を飛ぶ鳥がいたら，どんな鳥だろうと想像して表す題材です。
壁に貼ったり，天井から吊るしたり展示の仕方も考えながら活動できるようにします。

材料・用具

クレパス，絵の具用具，画用紙（厚口／四つ切り），木工用接着剤，
はさみ，たこ糸，ホチキス

事前準備

・行事（本題材では卒業式）に向けて校内を飾ることを知らせ，
　どこにどんな風に飾るか考えておく。
・鳥が飛ぶ姿をイメージできる資料を見ておくよう伝える。

クレパスを重ねたり
伸ばしたりする，
絵の具を薄くするなど
試しながら羽の
柔らかさを表す。

「黒く体の色を塗ったが，
物足りず，竹串で
引っかいて羽のようにした。」

クレパスの色を
重ねることで，
重ね塗りの美しさ
を感じている。

はっきりとした感じの色にしようと
絵の具の上からクレパスの線を強調してみた。

活動の展開	1	学習のねらいと出会い，自分の思い付く「まぼろしの鳥」をつくる。	2	掲示の方法を選び，鳥の形を考えてつくる。

指導のポイント

・「自分たちの学校の上を飛ぶ美しい鳥をつくり，
　校内を飾ろう」と提案する。
・美しく飾れるような鳥の体や羽の形を想像でき
　る資料を見たり，表したいことを話し合ったりす
　る時間を設ける。

・壁に貼る時と吊るして飛ばす時の体や羽の形に
　ついて，話したり考えたりする。
・クレパスや絵の具を組み合わせて，どんな表現
　ができるか試しながら美しく飾る。

線描・面描 P.022　重色 P.024　混色 P.026　スクラッチ P.032

玄関ホールや
体育館前のホールに
吊るすことで，
飛び立つ感じも表す。

「卒業する6年生の
お姉さんを乗せて。」

羽ばたく6年生 (30×40cm)

飛んでいる感じで壁に掲示する。

表したい感じになるよう，
クレパスや絵の具の使い方を
相談しながら活動する。

吊るしたい鳥の羽を
ホチキスでつける。

飛び立つ鳥 (40×40cm)

「みんなが通る玄関ホールに吊るしたい。
『卒業おめでとう』という気持ちが伝わるかな。」

3 材料や技能を生かしながら，表したいことを工夫して表す。

- クレパスを重ねてかく方法や引っかく用具，組み合わせて使う絵の具などを選ぶよう促す。
- 互いの表現を深めるよう，途中で友人の工夫していることを紹介できる場を設ける。

4 自分や友人の作品を掲示し，よさや美しさを感じ取る。

- 見る人へのメッセージカードや自分たちの姿もつくって一緒に掲示することで鳥が運ぶ幸せな雰囲気を表す。
- 作品の色合いの美しさや，様々な技法でできた感じを味わいながら，友人の工夫したことに気付くよう，鑑賞の場を設ける。

活動を終えて ▶▶▶ クレパスの色を選んだり，塗り方を工夫したりして「まぼろしの鳥」を表せたか。

はがしてあらわれる　ふしぎなおしろ

クレパスでつくった模様の自分だけのお城を
マスキングの方法で表す題材です。
テープを剥がすとあらわれる楽しさを大切にします。

材料・用具

クレパス，コンテパステル，白ボール紙（四つ切り），
マスキングテープ（幅12・15・18mm），ぼかし網，はさみ，
カッターナイフ，カッターマットなど

事前準備

・コンテパステルをぼかし網でこする活動の時は，汚れてもよい
　服装で行うことを伝える。
・机なども汚さないように新聞紙を敷いておくとよい。

コンテパステルを重ねるので
クレパスは大きく
塗り分けるようにする。

自分のイメージを基にして塗る。
この児童は虹の中にある
お城を想像している。

動物をイメージして
お城の形を表している。
想像を広げるよう，
周りに何があるか
など問い掛ける。

「こんな風に塗れたよ。」
形や色の組合せを
楽しみながら模様をつくる。

テープを並べて太くしたり，
切って細くしたり，紙を使うなど，
貼り方の工夫を支援する。

マスキングテープで
形を表したら，
暗い色のコンテパステルを
ぼかし網で削り，
紙全体を覆う。

活動の展開

1　活動内容を知り，自分だけのお城の形を考えていく。

指導のポイント

- 教師が，マスキングからコンテパステルの粉をかけるまでの活動の流れを簡単に実演し，児童が活動の見通しをもてるようにする。
- 想像が膨らむよう，どんなお城があるか声を掛ける。アイデアスケッチを黒板に貼り，互いのイメージを知らせ合ってもよい。

2　好きな色や，お城のイメージで，白ボール紙をクレパスで塗っていく。

- マスキングテープにより紙が痛まないように，クレパスを厚く塗るよう伝える。
- 作業的にならないように，また，小さくするより大きく面を塗っていくようにし，色の組合せを楽しみながら塗っていけるよう声掛けをする。

コンテパステルの粉を
指で押さえて
クレパスに
接着させる。

ふしぎなかたちのおしろ（四つ切り）

テープを剥がすと
お城の形と模様が
あらわれる。
テープを紙に直接貼ると
紙が剥がれることが
あるので注意する。

すてきなぶんぼうぐのおしろ（四つ切り）

まよなかのおしろへようこそ（四つ切り）

「猫の顔のお城ができました。」
完成した作品にコンテとめ液をかけていく。

3 想像を膨らませながら，貼り方を工夫して表していく。

- 幅の異なるマスキングテープを使うことや，重ねたり曲げて貼ったりするような工夫を伝える。
- マスキングテープは剥がしたり，貼り直したりすることができるので，表しながら変化するイメージに合わせて貼り方を変えてみることを勧める。

4 コンテパステルの粉をかけてこすり，テープを剥がして互いの作品を見る。

- コンテパステルをぼかし網で粉にしてかけて，ガーゼでよくこする。（コンテパステルは少量でよい。）黒・茶などの暗い色を使い，下の色との対比が生まれるようにする。
- でき上がったお城を鑑賞し，互いの工夫などを知る。

活動を終えて ▶▶▶ クレパスの色の組合せを工夫した模様のお城が
マスキングの方法であらわれることを楽しめたか。

おひさしぶりクレパス

高学年として改めてクレパスやコンテパステルを使って活動します。
これまでの経験で身に付けてきた技能や新たに見付けた工夫を基に
表したいことを表します。

材料・用具

クレパス，コンテパステル，画用紙，色画用紙，厚紙，筆，
ぼかし網，歯ブラシなど

事前準備

・サイズや形，色の異なる画用紙を用意する。

ぼかし網でコンテパステルを削り，手で何度もすり込む。

ぼかし網でクレパスを削り，
網で上から押し付けた。

クレパスを削ったものを
黒画用紙に指で伸ばし，
何層にも重ねてできた作品。

歯ブラシを筆のように使って
直接かいてみる。

クレパスの上に
コンテパステルの粉をまぶしてみたり，
筆でかいてみたりする。

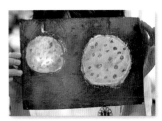

しぼんだヨーヨーが夜の闇に鮮やかに
表せるように，様々なかき方で表現した。

削ったクレパスを固めて，
粘土のように使う。

活動の展開

1 学習のねらいと出会い，クレパスや コンテパステルでできることを考える。

指導のポイント

- 高学年で改めてクレパスと向き合ってみることを
  提案し，クレパスやコンテパステルを使ってこれ
  まで経験したことを思い起こす場を設ける。

2 クレパスやコンテパステルで できることを試す。

- これまでに経験した表現方法から，改めて試し
  てみたいことを試す時間を設ける。
- 必要に応じて，様々に試す姿を紹介し，できそう
  なことや，やってみたら面白そうなことを考え，実
  行するよう促す。
- 児童の必要に応じて用具を使える環境にする。

重色 P.024 | 混色 P.026 | 消す・溶かす・ぼかす P.038 | いろいろな素材にかく P.042

ぼかしの
表現の特徴から
地球を想像して
表した。

輝きつづける外の世界 (20×24cm)

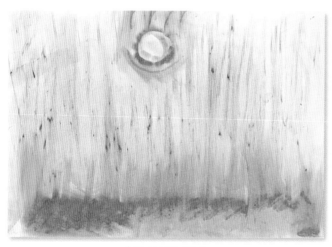

たましい！(27.1×39.2cm)

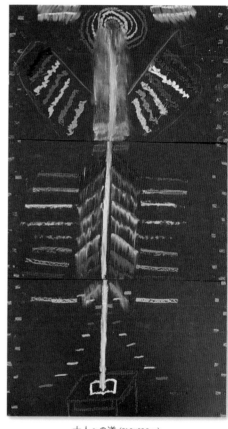

大人への道 (81.3×39.2cm)

3 クレパスやコンテパステルの特長から，表したいことを見付けて表す。

- クレパスやコンテパステルの特長を基に，その魅力から自分が表したいことを見付けるよう促す。
- 表したいことに合わせて，用紙のサイズや形，色を変えてよいこととする。

4 お互いの作品を鑑賞する。

- クレパスのどのような工夫からこの作品を表したのか，想像しながら鑑賞するよう促す。
- 活動を通して気付いたことや感じたことを図工ノートに書き，全体で共有する。

活動を終えて ▶▶▶ 新たなクレパスの可能性を探りながら，表したいものを表そうとしていたか。

色と形で 幸せの気もちを

クレパスを使ったステンシルの方法でできる形や色を
組み合わせたり構成したりして表す題材です。
動きや奥行きなどの特徴を理解して表せるようにします。

材料・用具

クレパス，画用紙（八つ切り），型をつくる白ボール紙（四つ切り，
八つ切り，縦八つ切りなど活動を想定して形や大きさを用意する），
はさみ，カッターナイフ，カッターマット，ガーゼなど

事前準備

・汚れてもよい服装で活動することを伝える。
・試し用の紙を十分に用意する。

白ボール紙で型をつくり，
その枠をクレパスで塗った後で画用紙に置き，
外側に向けて指でぼかしている。

違った型でできる形や模様を
組み合わせながら構成を考える。

同じ形を並べて生まれる
リズム感のよさや美しさを
感じ取りながら活動する。

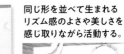

線をつくり，並べていくことで
生まれるイメージを楽しんでいる。

明るい色を使いながら形を並べていくと，
表したいイメージが生まれてきた。

クレパスを
ガーゼで伸ばして
できる感じを
確かめながら
表し方を
考えている。

活動の展開

1 活動内容を知り，幸せについての イメージを膨らませる。

指導のポイント

● 「ステンシルで，『自分だけの幸せな気持ち』を
表していこう」と提案する。形や色の組合せから
様々な表現ができるように想像を膨らませる声
掛けをする。

● ステンシルの技法でできる工夫の例を紹介する。
（型の内側の塗りつぶし・内側へのぼかし・抜型の
外側に塗る・抜型の外側にぼかすなど）

2 型をつくり， クレパスでのステンシルを楽しむ。

● ステンシルを試しながら，面白い形やきれいな形
などをつくっていく。必要な児童には，試し用の
紙を使うよう勧める。

● クレパスの色の並べ方や重なり，組合せなどを
意識するように声掛けをする。

育てたい資質・能力

知・技	・ステンシルで表す自分の感覚や行為を通して，動きや奥行き，バランス，色の鮮やかさなどを理解する。 ・表現方法に応じてクレパスやステンシルの型紙，ステンシルの方法を活用する。 ・前学年までの経験や技能を生かし，表現に適した方法を組み合わせるなど表したいことに合わせて表し方を工夫して表す。
思・判・表	・動きや奥行き，バランス，色の鮮やかさなどを基に自分のイメージをもつ。 ・「幸せの気持ち」に感じたこと，想像したこと，見たことから表したいことを見付ける。 ・クレパスでつくるステンシルの特徴，構成の美しさなどの感じを考えながら，どのように主題を表すかについて考える。 ・自分たちの作品の造形的なよさや美しさ，意図や特徴などについて感じ取ったり考えたりし，自分の見方や感じ方を深める。
学・人	・つくりだす喜びを味わい，主体的にステンシルで表現したり，鑑賞したりする学習活動に取り組もうとする。

どんな形を置こうか考え，型をずらしたり，
置き換えたりしながら表す。

感情の花畑（八つ切り）

生まれる動きやバランスなど
を大切にしながら，形や色を
組み合わせている。

線をかき加えて表したいことを表す。
「幸せの大三角形。幸せとは
夏の夜空の星空のようです。」

海の中を
イメージしながら
色や型を選んで
表した。

形いろいろ合唱団（四つ切り）

夜空に重なるオーロラ（八つ切り）

3 主題に合わせ，表し方を工夫して表す。

- 表していくうちに生まれた新しいイメージも大切
  にし，主体的に試す活動を認める。
- 抽象的なイメージや具体的なものの表現など，
  様々な表し方があることを意識できるよう，学級
  全体に共感の声を掛けながら進めていく。

4 自分や友人の活動，作品のよさや美しさを感じ取る。

- 自分の表した作品について紹介したり，互いに
  見合ったりすることで互いの表し方の工夫に気
  付けるようにする。
- 友人と作品を見合い，使う型による表し方の違
  うよさや美しさを認め合い，自分とは異なる友人
  の見方や表し方が理解できるようにする。

活動を終えて ▶ ▶ ▶　ステンシルから生まれる形や色の特長を生かして表したいことを表せていたか。

コンテパステルから生まれた世界

コンテパステルを使ってできるいろいろな表し方を
組み合わせたり構成したりして表す題材です。つくったり消したりしてできる
柔らかな感じや奥行きなどの特徴を理解して表せるようにします。

材料・用具

コンテパステル，画用紙（A5の長方形，正方形／1人4枚以上），
色画用紙（四つ切り），コンテとめ液，消しゴム，ぼかし網，綿棒，
マスキングテープ，濡れ雑巾，新聞紙

事前準備

・机に新聞紙を敷き，濡れ雑巾を準備する。

ぼかし網を使って
コンテパステルを粉にする。

消しゴムで消す。

紙で隠して粉をこする。

生命のたん生

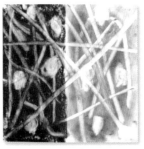
二つの顔

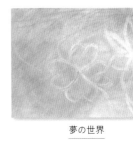
夢の世界

とらわれる宝石

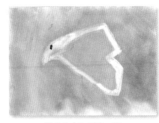
暗やみをとぶ青い鳥

しゅわしゅわソーダ

活動の展開　指導のポイント

1 コンテパステルと出会い，活動の見通しをもつ。

- 題材名を示し，コンテパステルを使っていろいろな表し方を楽しむ学習であることを伝える。
- 活動への意欲を高めるよう，コンテパステルの粉をこすって表す方法と消しゴムで消して表す方法を教師が実演して見せる。

2 コンテパステルを使っていろいろな表し方を試す。

- 初めから何を表すかは決めずに，まずは表し方を試すことを提案する。
- 「こすって表す」「消して表す」「思い付いた方法で表す」など，自分なりの表し方で試すよう促す。
- 自分なりの表し方を試している姿を認め，思い付いたことに共感する。

　技法リンク ▶▶　ステンシル P.028　消す・溶かす・ぼかす P.038

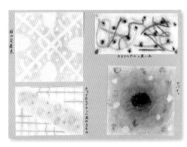

「カラフルにした作品にあえて黒を使ってふしぎな感じを出した。」（四つ切り）

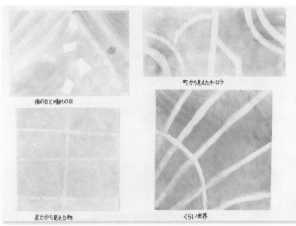

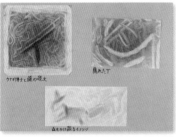

「コンテパステルを指で塗り広げ，消しゴムで消していって作品をえがいた。」（四つ切り）

「同じ色ばかり使わず，いろいろな色を使うようにした。」（四つ切り）

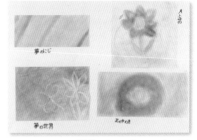

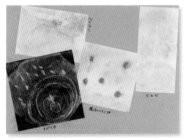

「いろいろな消し方をしたり，濃くしたり混ぜたりして色の工夫をした。」（四つ切り）

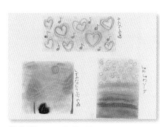

「1枚毎にコンテパステルの使い方を変えた。」（四つ切り）

「『花の中の月（右下の作品）』では見た感じ花だけど，よく見ると満月があるかのように見えるようにした。」（四つ切り）

3 表し方を紹介し合い，更に試したり，イメージに合わせて表し方を工夫したりする。

● 試した表し方，捉えた形や色，心に思い浮かべたイメージなどについて話し合う場を設ける。
● 友人と話し合い，更に試したいことや表したいことに合わせて工夫したいことを見付けるよう促す。

4 活動を振り返り，まとめをする。

● お気に入りの作品を選んで台紙の画用紙に貼り，コンテとめ液をスプレーする。
● 題名や工夫したことなどを台紙の余白に書く。
● 作品を見合い，コンテパステルで表した造形的なよさや美しさを感じ取る場を設ける。

活動を終えて ▶▶▶ コンテパステルで表せる造形的な特徴を理解し，生かして表せていたか。

身近なものや場所を写した写真の上から
クレパスなどで色をつけ，変化を楽しみながら表す。

自分の色に変えてみたら…

「教室の壁がピンクになったら」「いつも使っている机が花柄になったら」どうかな？
と考えて表す題材です。色を変えたら面白そうな場所の写真を撮り，
その上からクレパスやクレヨンを使って色をつけます。

材料・用具

クレパス，クレヨン，コンテパステル，
写真を白黒印刷した画用紙（八つ切り），ぼかし網，
ティッシュペーパー，デジタルカメラ

事前準備

・同じ場所を色違いで表した資料を用意する。
・同じ場所を異なる色に変えられるように，写真が印刷されたワークシートを複数用意する。

「いつも使っている
机が色を変えると
自分だけの
特別な場所に
変わったよ。」
ワークシートに
かき込みながら，
それぞれの違いや
よさを確かめる。

身の回りで色が変わったら面白いところや変えてみたいところの
写真を撮ることで身の回りの色への関心が高まる。

「身の回りには
もう工夫されている場所も
あったよ。」

「写真を白黒印刷した画用紙に
変化を楽しみながら
思い思いに色をつけてみよう。」

クレパス階段（八つ切り）

「階段がクレパスに
なったら面白いな。」

ビックリゴミ箱（八つ切り）

「ゴミ箱だってこんなに素敵になったよ。」

活動の展開

1 身の回りのものや場所の色や模様を変えて楽しむという活動を理解する。

指導のポイント

- 「教室の壁がピンクになったら」「いつも使っている机が花柄になったら」と提案し，色を変えることを想像することへの関心を高める。
- 活動の見通しがもてるように，ワークシートや参考作品などを使って説明する。

2 色や模様を変えたら楽しそうなものや場所を探す。

- 学校の場所やものを印刷したワークシートを用意し，安心して色を変える活動を楽しめるようにする。
- 児童と一緒に校舎内を歩きながら，色が変わったら面白いと思うところを撮影し，白黒で印刷した画用紙を次の授業までに用意する。

線描・面描 P.022　　重色 P.024　　混色 P.026　　消す・溶かす・ぼかす P.038

階段パーティーへようこそ (八つ切り)

「いつもの階段がこんなに明るく
楽しい場所になったよ。
うれしいな。」

ありがとう (八つ切り)

「来校する人に
『ありがとう』という気持ちが
伝わるように地味な階段を
鮮やかな色に変えました。」

未来のろうか (八つ切り)

「未来の学校の廊下を
イメージしてみました。
植物でいっぱいの
廊下になったらいいな。」

光,草,水,宇宙!! (八つ切り)

「いつも座っている椅子が,
宇宙に浮いてるように,
まるで違う感じに
変わったよ。」

3 これまでの経験や技能を生かし，表したいことに合わせて工夫して表す。

- 机を向かい合わせ，表したいことや考えをお互いに交流しながら活動する。
- 掲示や板書などでこれまでの経験や技能を思い出し，重色や混色などこれまでの経験を生かして表せるようにする。

4 自分や友人の作品の表現の意図や特徴を感じ取る。

- 表現の意図や表し方の工夫について，思いを話したり，感じたことを伝えたりする時間を設ける。
- ワークシートに色を変えることで変わることや感じたことなどを書くよう促し，記述内容から児童が気付いたことを見取る。

活動を終えて ▶▶▶ 表したいことに合わせ，これまでの経験を基に
クレパスやクレヨン，コンテパステルの特長を生かして表していたか。

白とコンテパステル

白の描画材料とコンテパステルから生まれる形や色を捉え、
自分の表したいことを見付けて絵に表す題材です。

材料・用具

クレパス（白），コンテパステル，修正ペン，
画用紙（八つ切り，正方形，横長），消しゴム，ぼかし網，
皿，新聞紙など

事前準備

・画用紙をいろいろなサイズに切っておく。

試しにかいたものを集めて，
班で話し合う。

形を工夫しながら，
白クレパスや修正
ペンでかいていく。

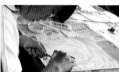

ぼかし網で
コンテパステルを削り，
重ねて生まれる
色を楽しむ。

「白クレパスの上に
コンテパステルを
ふりかけたり、修正
ペンとコンテパステ
ルを組み合わせ
て表現しました。」

心のかべ（八つ切り）

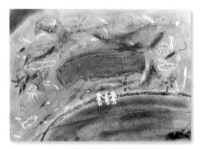

海と生きる家族の話（八つ切り）

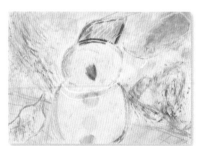

未完成雪だるま（八つ切り）

太陽に向かう花（八つ切り）

活動の展開

1 試しながら表し方を見付ける。

指導のポイント

● 白い描画材料にコンテパステルを重ねることで
できる表現を紹介し、いろいろな表現方法を試
してみることから始めるよう提案する。

● 試しにかいたものを持ち寄り、生まれた形や色
のよさを感じ取れる時間を設ける。

2 手や全身の感覚を働かせて生まれる
形や色の変化や美しさから、
表したいことを思い付いて絵に表す。

● 白の描画材料やコンテパステルを使い、自分の
思い付いたイメージを基に表すよう促す。

● 表したいことに合わせて児童が使えるよう、かく材
料や用具を提供する。

「手を動かしていく中でいいなと思う形や色が見えてきた。」

宇宙へのすべり台 (20×40cm)

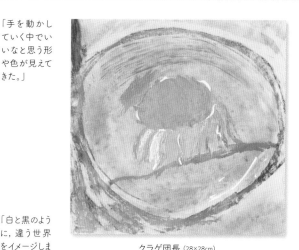

クラゲ団長 (28×28cm)

「試していくうちに画面の中からクラゲが見えてきました。」

「白と黒のように，違う世界をイメージしました。」

春と冬 (八つ切り)

図工室に展示して交流する。

3 表現方法を考えたり，試したりしながら表したいことを工夫して表す。

- 作品を見ながら意見交換する時間を設け，多様な表現方法に触れて，表現の幅を広げられるようにする。
- いろいろな表し方を試し，クレパスやコンテパステルの新しいよさを感じられるようにする。

4 自分や友人の作品のよさ，表現の意図や特徴を感じ取る。

- 自分や友人の表し方の工夫やよさを感じ取る場を設ける。
- 白の描画材料とコンテパステルを組み合わせて，どのような形や色を見付け，どのような感じがしたのか，考えたのか問う。

活動を終えて ▶ ▶ ▶ 白の描画材料とコンテパステルから生まれる形や色の変化を感じながら，よい表現を見付けられていたか。

わたしのいい感じ

季節の日差しや風などを感じながら、
身近な場所から自分のいい感じを見付けて絵に表す題材です。
液体粘土や描画材料などの特長を生かし、表現方法を工夫して表します。

材料・用具

クレパス、コンテパステル、黄ボール紙（八つ切り）、液体粘土、
新聞紙、バケツ、いい感じメモ、画用紙、木工用接着剤

事前準備

・安全に活動ができるよう活動場所を確認しておく。
・4人程度の班をつくっておく。

身近な場所のいい感じを見付けたり、感じたことをメモしたりする。

液体粘土を手や指で塗り、
自分だけの画用紙の
表面をつくる。

小さくやぶいた紙で
表したいイメージを確かめながら
形や色を工夫して表す。

温かい色の感じや
組合せを工夫して
表している。

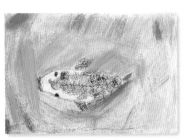

温かい空気でおよぐコイ
（39.8×27.4cm）

「鯉の周りをいろいろな色
で表し、温かい空気の中
で泳ぐところを想像して表
したよ。」

あたたかさとすずしさ（39×39cm）

「外に出た時の日ざし
の暖かさと風のすずし
さがいい感じだなと思
いました。」

活動の展開

1 季節を感じながら 自分だけのいい感じを見付ける。

2 見付けた「いい感じ」を思いながら 自分だけの画用紙をつくる。

指導のポイント

- 「身近な場所からこの季節だけのいい感じを見付けて絵に表そう」と提案する。
- 匂いや気温など、諸感覚を働かせながら自分の「いい感じ」を見付け、「いい感じメモ」に書き留めるよう投げ掛ける。
- 教室に戻り、自分が見付けた「いい感じ」を紹介し合う場を設ける。

- 画用紙に液体粘土を塗り、自分だけの表面をつくるよう伝える。
- 表したいことを思い浮かべながら指の動きからできる形や模様、でこぼこした感じなどを試すこと、乾いてから少しやすりをかけることを伝える。
- つくった画用紙の表面を友人と見合い、よさや工夫などを話し合うよう促す。

技法リンク ▶▶

線描・面描	重色	混色	消す・溶かす・ぼかす	いろいろな素材にかく
P.022	P.024	P.026	P.038	P.042

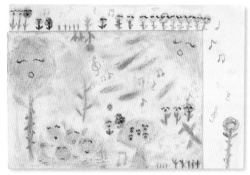

自ぜんの歌と音楽 (48.6×32.7cm)

「5月は春と梅雨の真ん中で,花や草花,
木が歌を歌っている感じだと思った。」

「色の重なりを工
夫しました。女の
子の服の色が変
わるところとか風
の温かさとかを
工夫しました。」

パラレルワールド (52.3×32.3cm)

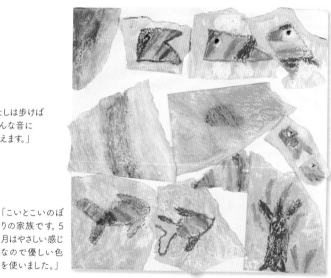

「わたしは歩けば
いろんな音に
出会えます。」

しぜんの音 (48.6×32.4cm)

「こいとこいのぼ
りの家族です。5
月はやさしい感じ
なので優しい色
を使いました。」

こいとこいのぼり (40.5×39.8cm)

3 表現方法を考えたり試したりしながら表したいことを工夫して表す。

- 活動の途中で外に行く,「いい感じメモ」を振り返るなどして,季節の感じを確かめるよう促す。
- 表したいことに合わせ,画用紙の形を変えたりつなげたりできるようにする。
- クレパスやコンテパステルで色を重ねたりぼかしたり,今までの経験を生かしてみることを伝える。

4 自分や友人の作品のよさや美しさを感じ取る。

- どんな「いい感じ」を表そうとしたのか,どんな工夫をしたのかを班の友人と伝え合う場を設ける。
- 友人の作品から気付いたことを付箋に書いて渡すなど,互いの感じ方の違いや表し方の工夫を共有し,認め合えるよう場を工夫する。

活動を終えて ▶ ▶ ▶ 　季節の感じや身近な場所のよさを発見し,画用紙のさらさらした感じを生かし,
クレパスやコンテパステルの表し方を工夫して表していたか。

匂いや音，触り心地など，見えないものを形や色などの
造形的な特長を生かして表す。

見えないものの形や色は…

「見えないものって何だろう」と高学年の児童に問い掛けると
「気持ち」「音」などの声が聞こえてきます。
いろいろな感じからイメージを広げ，見えないものを形や色で表します。

材料・用具

クレパス，クレヨン，コンテパステル，板目表紙（12×12cm），
色画用紙，のり，はさみ，ぼかし網，ティッシュペーパー

事前準備

・授業の導入で色や模様のイメージを膨らませるため，色や模様
のカード（教師がつくってよい）を用意する。
・児童の諸感覚や好奇心を刺激するものを用意する。

「ハーブの香りをかいで，考えてみたよ。
どんな色になるのかな？」

図工室にある
いろいろな
材料に触れて，
触り心地や音を
感じてみる。

身の回りに
あるものの
音や感触，
匂いなどを感じると，
いろいろな
発見がある。

「接着剤の感触……
どんな色や模様で
表現しようかな。」

「いろいろな色や
模様になったよ。」
何を表現したのか
お互いに鑑賞して話し合う。

「私たちは同じものを基にかいてみたよ。
でもできた色や模様は違っていて面白いな。」

活動の展開	**1** 見えないものを形や色で表すという活動を理解する。	**2** 児童の活動から見られた様々な見えないものを板書して共有する。
指導のポイント	● 色カードを見せて「これはどんな気持ちかな」と問い掛け，思ったことや感じたことを話し，見えないものを表すことへの関心を高める。 ● 児童の諸感覚や好奇心を刺激するマラカスの音やハーブの香り，綿の手触りなどを経験し，イメージを広げる手掛かりをもてるようにする。	● 児童の活動を見ながら，「楽しい気持ち」「時計の音」「のりを触った感じ」など，表したものを板書し，多様な発想を促す。 ● 発想が広がらない児童に対して，板書や友人の活動を基に，表してみたいものを探したりアイデアの参考にしたりするよう勧める。

線描・面描 P.022　　重色 P.024　　混色 P.026　　消す・溶かす・ぼかす P.038

感じたことや
考えたことを基に，
これまでの経験や技能を生かして
いろんな表現を試してみる。

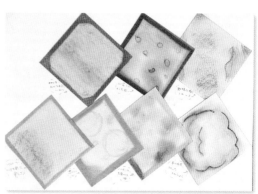

「できた模様を
まとめてみました。
音や手触り，
匂いなど
いろいろあるね。」

友人の表現を見て
何を表現したのか
考えてみる。

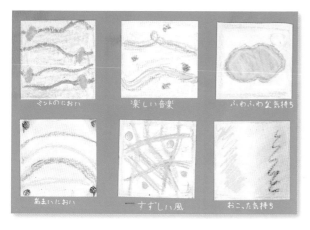

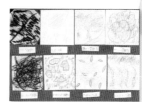

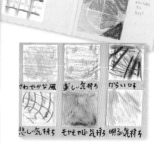

「いろいろな形にまとめてみたよ。」
お互いの表現を見て，
表現の工夫や意図について
話し合う。

3 表したいことに合わせて，これまでの経験や技能を生かして工夫して表す。

- 掲示や板書などで，ぼかしやマスキング，重色や混色などを示し，クレパスやクレヨンを使ったこれまでの経験や技能を思い出しながら活動するよう促す。
- 活動の過程で試してみたことや気付いたことを伝え合い，多様な表現への関心を高める。

4 自分や友人の作品の表現の意図や特徴を感じ取る。

- 「何を表現したのかをクイズにしたら楽しかったので，裏に答えを書いてめくって楽しめる作品にした」など表し方の工夫についても話し合う。
- 台紙に作品を貼るよう伝える。その際，思いや工夫が伝わるように並べ方を工夫したり題名をつけたりするよう促す。

活動を終えて ▶▶▶ 見えないものを形や色で表現するというテーマに合わせて，混色したりぼかしたりしてクレパスやコンテパステルの特長を生かして表していたか。

私だけの心にしみる風景

学校の中で自分の心にしみる思い出深い場所や風景を見付け，絵に表します。
クレパスや水彩絵の具のよさを生かし，
自分なりの表現方法を工夫して表す題材です。

材料・用具

クレパス，絵の具用具，鉛筆（4B），筆ペン，油性ペン，
画用紙（四つ切り），黄ボール紙，キャンバス画紙，マーメイド紙

事前準備

・これまでの学校生活を振り返り，自分にとって思い出深い場所
について話し合う。

・選んだ場所への思いや魅力をワークシートで確認する。

心にしみる風景を探して。

「鉛筆で細かく線描するよ。」

クレパスでかいた後こすると
いい感じに木がかけた。

「友人はいろいろなかき方を
している。僕はクレパスだけで
何色も重ねてこすったり，
細かいところは削ったりして
工夫しているよ。」

絵の具で直接かいていく。

「中庭の生き物たちの自
然を絵にしたよ。色をつ
くるのにたくさん混ぜた
り重ねたり，満足の作
品！」

活動の展開

1 学校の中の私だけの
「心にしみる風景」について考える。

2 描画材料を選んで試しながら表す。

指導のポイント

● 「学校の見慣れた風景の中から私だけの特別な
場所，絵に残しておきたい場所（心にしみる風
景）を見付けよう」と提案する。

● 主題がしっかりもてるように，ワークシートにスケッ
チしたり，どんなところが心にしみるのか文章で
まとめたりするよう促す。

● 表したいことを表せるよう，自分の思いやイメー
ジに合った描画材料や用紙を自由に選んで試
せるようにする。

● 表し方についても，思いに合わせて自分なりの見
通しをもって進めていくよう伝える。

　技法リンク　▶▶　　線描・面描 P.022　　　重色 P.024　　　混色 P.026

筆ペンの線描の上に
絵の具やクレパスを使って
黒板の色を工夫した。
床はクレパスで色を重ねて。

4階から毎日見た景色 (四つ切り)

「窓から見た中庭を，クレパスでやさしくかいたよ。」

いつもの景色 (四つ切り)

「緑の扉はクレパスをこすって色を重ね，タイルは絵の具もクレパスも使って少しずつ色を変えたよ。」

1年生から今まで通った
大切な校舎 (四つ切り)

「ほとんどクレパスだけで表したよ。クレパスは色を重ねると力強い感じがお気に入り。」

---

3 いろいろな描画材料や
かき方を工夫して表したいことを表す。

- クレパス主体の表現，絵の具主体の表現，組合せの表現など，それぞれのよさや効果の違いに気付けるように途中で鑑賞の時間を設ける。
- クレパスの上から細い線を加えたい児童には，油性ペンでかき込むよう伝える。

4 自分や友人の作品を見て，
よさや表現の意図について考える。

- 絵から伝わる思いや表し方について話し合い，見付けたり感じたり考えたことを伝え合えるようにする。
- 振り返りカードで自分の表現や活動について自己評価したり話し合ったことをまとめたりするよう伝える。

活動を終えて ▶▶▶ 選んだ場所への思いや魅力が伝わるように，クレパスや水彩絵の具など描画材料の特長を生かして，表し方を工夫して表していたか。

詩から広がる世界

詩から思い浮かんだことをイメージし, 表したいことを表す題材です。
形や色, 構成の美しさなどを考え,
クレパスやコンテパステルを使った表し方を工夫して表します。

材料・用具

クレパス, コンテパステル, 板目表紙, 画用紙, 色画用紙 (A4, 21×21cm, 6×9cm), はさみ, のり, 手拭き用の布, 詩「おおきな木」(長田弘『最初の質問』講談社, 2013)

事前準備

・児童が様々な情景や思いを膨らませられるような詩を選ぶ。
・表現方法を試す小さめの紙を用意する。

何度も試しながら, こすってできる色を確かめた。

もっと感じが伝わるようにするにはどうしたらいいかな。

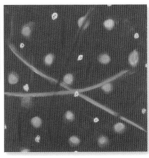

「まるをぼかして雪みたいにして, 静かな風景を表した。」

静かな景色 (19×19cm)

指でコンテパステルを混ぜ合わせて, 表したい色の感じをつくっている。

すごく大きな木 (19×19cm)
「緑色をぼかしてやさしい感じにした。」

風 (19.2×26.7cm)
「風ってどんな色, どんな形, どんな匂いかイメージした。」

活動の展開	**1** 詩を読んで, 想像を膨らませる。	**2** 表したい情景を思い浮かべながら画面構成を考えたり, 描画材料を試したりする。
指導のポイント	● 「詩を読んで想像したことを絵に表そう。どんな材料や方法でどう表すといいかな」と提案する。 ● 心に残った言葉に線を引いたり, 思ったことをメモしたりしながら想像してみるように促す。 ● 表したいことを思い付くように, 自分が気に入った文や言葉や感じたことを発表し合う場を設ける。	● 描画材料を提示し, 今までの経験を伝え合ったり, 小さな紙で新たな表し方を試したりするよう促す。 ● 試しながら, 色を重ねてできる感じやぼかした感じなど, 表したいことに合った材料や方法を見付けて活動するよう伝える。

技法リンク ▶▶

| 線描・面描 P.022 | 重色 P.024 | 混色 P.026 | スクラッチ P.032 | 消す・溶かす・ぼかす P.038 |

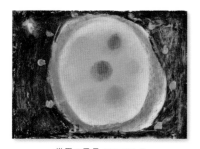

世界の風景 (19.2×26.7cm)

「私の世界を色や形で表した。」

「私が目をつぶると自分だけに見える木を表した。」

夜だけに咲くまぼろしの木 (30.6×21.5cm)

「今までの経験を生かし，クレパスを重ねてひっかいて地球の世界を表した。」

地球の世界 (19×19cm)

雨がふった後の世界 (26.7×19.3cm)

「大きな木を表すために根っこを大きくした。晴れた時にクモを観察している時。」

3 表したいことに合わせて表現方法を考え工夫して表す。

- 数種類の紙から思いに合わせて大きさや形，色を選んで活用するよう促す。
- 互いのよさや工夫を伝え合えるように，必要に応じて友人と交流することを勧める。
- イメージが一層膨らむように，試してできた形や色を生かしている児童を認め，励ます声を掛ける。

4 自分や友人の作品の作者の意図や工夫を感じ取る。

- 自分や友人の作品から，互いの意図や表し方の工夫を伝え合う場を設ける。
- 作品を見たり伝え合ったりしたことから感じたことや考えたことを発表するように促す。

活動を終えて ▶ ▶ ▶

児童が詩から想像した情景に合うようにクレパスやコンテパステル，基底材などの特長を生かして表していたか。

思い出を残す1枚

今まで過ごしてきた学校の中で,「思い出に残る」場所の造形的な特徴や
親しみのある理由などを主題にして表す題材です。
児童が経験してきた材料や表現方法の特長を生かして表せるようにします。

材料・用具

クレパス, コンテパステル, 絵の具用具, 画用紙・黄ボール紙
(四つ切り), 木工用接着剤, ぼかし網, お花紙, 新聞紙,
デジタルカメラなど

事前準備

・学校の中で思い出に残っている場所について
　考えたり探したりするよう伝えておく。
・4人程度の班をつくっておく。

班でカメラを持ち,学校の思い出が残っている場所を
撮影して回りながら,表したいことを見付ける。

絵の具でおおよその
活動をして。

上から,クレパスでかき加えたり
コンテパステルでぼかしたりする。
表したい感じを強調することがねらい。

活動も思い出を
感じることができる場所で。

幹のゴツゴツした感じを,
クレパスとコンテパステルを重ねて表す。

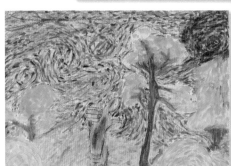

「石像は学校の
シンボル。ずっと
一緒に遊んでい
る感じを,好きな
ゴッホのぐるぐる
としたタッチで表
した。」

ぐるぐる (四つ切り)

活動の展開

1 学習のねらいと出会い,
自分の「お気に入り」の場所を考える。

指導のポイント

- 「学校の『思い出に残したい』場所を見付けよう」
「そこにはどんな形や色の特徴があるかな」「ど
んな材料や方法の工夫で表すことができるか
な」と提案する。
- 簡単なメモをしたり, デジタルカメラで撮影した
りしながら, 表す場所や構図などを考える時間
を十分に取る。

2 主題を意図し,表現方法を考えたり,
試したりしながら表す。

- 見付けた場所の「思い出に残る」理由, 捉えた
形や色の造形的な特徴, 自分のイメージなどに
ついて話し合う場を設ける。
- クレパスやコンテパステル, 絵の具などの経験や
技能を振り返り, 表したいことに合わせて, どの
ような表し方ができるか考えたり試したりできるよ
うにする。

技法リンク ▶▶ 　線描・面描 P.022　重色 P.024　混色 P.026　点描 P.030　消す・溶かす・ぼかす P.038

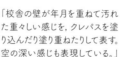
「空は絵の具，枝はクレパスとコンテパステルで，葉はお花紙をちぎって貼った。目の前に広がる木の世界が表せた。」

「校舎の壁が年月を重ねて汚れた重々しい感じを，クレパスを塗り込んだり塗り重ねたりして表す。空の深い感じも表現している。」

かくれんぼの聖地 （四つ切り）

1日1日を過ごした教室 （四つ切り）

「毎日を過ごした教室。みんなとのたくさんの思い出が詰まっている。教室に入るとほっとする気分をクレパスの柔らかな感じで表した。」

学校への入口 （四つ切り）

3 材料や技能を生かし，表し方を工夫して表す。

- クレパスやコンテパステル，ぼかし網などの用具を必要に応じて使える環境にする。
- 互いの作品に気が付いたことを知らせ合えるよう，授業の始めや合間に自由に交流できる時間を設ける。

4 自分や友人の活動や作品のよさや美しさを感じ取る。

- 自分や友人が，どんな「思い出に残る」場所を表そうとしたか，そのためにどんな材料や方法の工夫をしたかを伝え合う場を設ける。
- ワークシートを配布し，話し合って感じたことや考えたことなどを書くよう促す。

活動を終えて ▶ ▶ ▶ 　児童が表したいことに合わせてクレパスやコンテパステルなどの特長を生かして活動していたか。

作者の「筆あと」を感じてかこう

いくつかの親しみのある美術作品を見て、「筆あと」のよさや美しさを感じ取り、
筆圧や手の動きなどを試しながら、
その表現方法や材料の特長を生かして絵に表します。

材料・用具

クレパス、画用紙（八つ切り）、試すための画用紙（はがき大程度）、美術作品の図版（筆あとに特徴があることが分かるもの）、活動を振り返ったり説明を書いたりできるワークシート

事前準備

・筆あとが分かりやすく、特徴のある美術作品の図版を掲示できるようにしておく。
・繰り返し試すことができる十分な量の画用紙を準備しておく。

図版を見て筆あとの
特徴に気付き、
気に入った
筆あとを選ぶ。

意見交流しながら図版を見て、
クレパスの使い方を試したり
表したいことを
考えたりしている。

自分が参考にした
図版と自分の作品、
同じ図版を参考にした
友人の作品を
見比べながら
鑑賞している。

気に入った筆あとの
特徴を基に、
筆圧や手の動かし方を
工夫して表している。

「ゴッホの筆あと
が宇宙の感じに
見えたので、宇
宙をかいてみた
くなった。輪のあ
る星は違うかき
方をした。」

不思議な宇宙 (八つ切り)

活動の展開	**1** 学習のねらいと出会い、自分が気に入った筆あとの特徴を見付ける。	**2** 気に入った筆あとの感じから主題を見付け、表現方法を考えたり、試したりしながら表す。
指導のポイント	● 準備した美術作品の図版を提示し、筆あとのよさや美しさ、表し方の特徴などについて鑑賞する時間を十分に取る。 ● 見付けた筆あとについて意見交流する場を設ける。	● 児童が繰り返し試すことができるように、十分な画用紙を提供する。 ● 意図しない混色が起きないよう、重ね塗りをしてクレパスの先が他の色で汚れたら、ティッシュペーパーなどで拭くよう助言する。

線描・面描　P.022　　重色　P.024　　混色　P.026　　点描　P.030

育てたい資質・能力	知・技	・筆あとの表し方を考えたり試したりしながら表す自分の感覚や行為を通して，動きや奥行き，色の鮮やかさなどを理解する。 ・表現方法に応じてクレパスや試すための画用紙などを活用する。 ・クレパスについての経験や技能を生かしたり，表現方法を組み合わせたりして表し方を工夫して表す。
	思・判・表	・動きや奥行き，色の鮮やかさなどを基に，自分のイメージをもつ。 ・親しみのある美術作品の筆あとを見たり試したりしながら感じたこと，想像したことから表したいことを見付ける。 ・形や色，筆あとの特徴，構成の美しさなどの感じを考えながら，どのように主題を表すかについて考える。 ・自分たちの作品や美術作品の造形的なよさや美しさなどについて感じ取ったり考えたりし，自分の見方や感じ方を深める。
	学・人	・つくりだす喜びを味わい，気に入った筆あとの特徴を見付けて表現したり，鑑賞したりする学習活動に取り組もうとする。

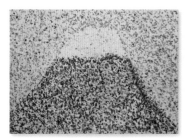

スーラ風　富士山 (八つ切り)

「始めは点々をかいているだけだったが，途中から違う色を入れるとスーラのようになることに気付いた。」

謎の国 (八つ切り)

「ゴッホのうねっているような筆あとが不思議な感じがしたので，その筆あとで謎めいた風景をかいたら謎の国のようになった。」

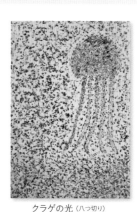

「光るクラゲを点描でかいてみたら本当に光っているように見えた。」

クラゲの光 (八つ切り)

「空は水色やオレンジで塗った後，白のクレパスで強くかくと，モネのようになることを発見した。」

モネの草と空 (八つ切り)

「梅原さんの力強い筆あとを真似してみたくなった。クレパスを強く押し付けながら手を速く動かすと梅原さんのようになって楽しかった。」

ぼく流　梅原さんの風景 (八つ切り)

3 材料や経験，技能を生かし，表し方を工夫して表す。

- 活動中に，自由に交流することを認め，気が付いたことを伝え合うよう促す。
- クレパスの筆圧だけでなく，動かす長さや速さなどについても試してみることを助言する。
- 活動中の児童のよい気付きを機会を選んで，学級全体に紹介する。

4 できた作品を鑑賞し合い，自分や友人の活動や作品のよさや美しさを感じ取る。

- ワークシートを準備し，自分の活動を振り返ったり，作品の説明をしたりする時間を設ける。
- 感じたことや気付いたことを共有できるように，ワークシートを読みながら作品を鑑賞し合う時間を設ける。

活動を終えて ▶▶▶ クレパスの特長を生かし，自分が使いたい筆あとを生かして表したいことを表せていたか。

私のみんなの　色・形

卒業を控えた児童が，これまでの自分を振り返り
共同で形や色で表すことに取り組む題材です。
経験したことを生かし，様々な表現方法を工夫して表します。

材料・用具

クレパス，コンテパステル，画用紙，ぼかし網，ブラシ，
ティッシュペーパー，共用絵の具，筆，ロール紙

事前準備

・美術作品を鑑賞する機会をもち，いろいろな表現があることを
　伝えておく。
・児童が選べる画用紙の大きさ，材料や用具を準備する。

「たくさんの色と
画用紙の形で
表しました。」

「不安や
期待・夢，
現在の自分を
表しました。」

「コンテパステルを直接削ってみよう。」

「ブラシを使って，こすりつけてみる。更に絵の具も使ってみるよ。」

はさみで切ってから，
並べることで表現した。

活動の展開

1 美術作品を見て，
いろいろな表現を感じ取る。

2 クレパスやコンテパステルの表し方を
考えて試す。

指導のポイント

- いろいろな表現の工夫を感じ取れるように数点
　の美術作品を提示する。
- 作品を一つ選び，気付いたことや考えたことを
　大切にするよう伝える。
- 班や全体で一人一人の感じたことを伝え合う場
　を設ける。

- クレパス，コンテパステルでの表し方を試す時
　間を十分に確保する。
- いろいろな表し方を試せるように用具を整え提
　示する。

技法リンク ▶▶　線描・面描 P.022　重色 P.024　混色 P.026　消す・溶かす・ぼかす P.038　浮かび上がらせる P.040

「体育館に掲示しました。」

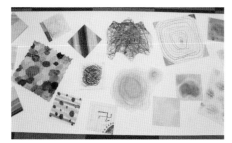

「斜めに置くなど
色合いを考えて並べました。」

学年みんなの作品がつながるように
絵の具でかいていく。

どんどんつながりが出てくる。

3 成長した自分のイメージを形や色で捉え，表し方を工夫して表す。

- 今までの自分を振り返る時間を十分に取り，成長した自分を形や色で考えることができるようにする。
- 用具を選ぶ際に友人と作品を見合えるよう，設置場所を工夫したり活動の時間を十分に取ったりする。

4 構成を考え，友人の作品をロール紙に貼る。

- 学年全員のつながりを意識して，並べたり，つなげたりするよう伝える。
- 作品の大きさや色も考えて構成を考えてみるよう促す。
- 造形的な特徴を理解できるよう，動きやバランスなどを視点にした声を掛ける。

活動を終えて ▶▶▶ 低学年，中学年でのクレパスやコンテパステルの経験も生かして
表すことができていたか。

心の景色をトリミング ～ワク枠にのせて～

6年間過ごした学校の大切な場所を、思いを込めたワク枠(わく)で
捉える活動です。児童が経験した材料や方法を生かしたり、
新しく思い付いた表現方法で活動したりできるようにします。

材料・用具

クレパス、クレヨン、コンテパステル、カラーペン、色鉛筆、
絵の具用具、白段ボール、厚紙、段ボールカッター、万能ばさみ、
木工用接着剤、ぼかし網、お花紙、綿、布、カメラなど

事前準備

・心に残っている場所や景色をトリミングできるようにボール紙
でワク枠をつくっておく。
・感じたことや考えを書き込むワークシートや付箋を用意しておく。

あらかじめ用意したワク枠を通して身近な情景を見て、
表したいことを見付ける。

段ボール板からカッターナイフや
段ボールカッターで、つくりたい枠の形を切り出す。

柔らかい色の
感じを表すために
コンテパステルを削って
マーブリングを試してみる。

クレパスや
絵の具などを使い、
材料を
組み合わせて表す。

柔らかい飾りは
綿でつくる。
コンテパステルを
削って揉み込むと
柔らかな色がつく。

スケッチブックに
かきだしたアイデアを
見ながら表している。

活動の展開

1 心に残っている情景を選び、その理由を話し合う。

指導のポイント

- 小学校生活で今一番心に残っている場所はどこか問い掛け、その景色を見ていた時の気持ちをワークシート（あるいは付箋）に書き留めるよう提案する。
- 表したいことを見付けることができるよう、場所を探したり景色を思い出したりする時間を十分に取り、気持ちについて話し合う。

2 主題を意図し、表現方法を考えながら表す。

- 残そうとする思いや気持ちをどんな形や色の枠に表せそうか問い掛け、材料や表現方法について話し合う場を設ける。
- 見通しをもてた児童から、考えた材料や方法を試しながら活動を始めるよう伝える。

技法リンク ▶ ▶

線描・面描	重色	混色	フロッタージュ	マーブリング
P.022	P.024	P.026	P.034	P.041

活動の途中で作品を離して見て、
どんな感じに見えるかを確かめている。

自分の思いを
形や色に表すのに、
合う材料は何かを
じっくり考えている。

「学校探検で図書室に初めて入った時に、
本が多くてびっくりしたこと。」

「入学の時の不安や楽しさ、桜のきれいさなどたくさんの思い出でワク枠ができるようにしました。」

「屋上から見える遊具で一日中遊びたいと思っていた気持ちを羽根の形に表した。」

3 材料や技能を生かし、表し方を工夫して表す。

- 材料を取りに行く際に自ずと鑑賞ができるよう、材料や用具などを教室の数か所に分けて配置する。途中で必要になるものができたら追加で導入する。
- 活動の過程で情景にワク枠を合わせ、成果を確かめながら活動するよう伝える。

4 ワク枠を情景と組み合わせて画像で交流する。

- 手応えを十分に感じることができるまで活動する時間を取り、できたワク枠を表す元になった場所に合わせてカメラに記録するよう伝える。
- 撮影した画像を見ながら、どんな気持ちを表したのか、どんな工夫をしたかなどを伝え合う場を設ける。

活動を終えて ▶▶▶ 　思い出に残る情景を捉えるワク枠を、
図工で学んだ方法を総合的に生かして表すことができたか。

けずって　なあに？

スクラッチの技法を経験し，「どんどん削る」行為を楽しむ題材です。
削る楽しさやあらわれる形や色，模様の面白さを味わいながら，
見えた色や新しい模様など，児童が自分で表したいことを見付けるようにします。

材料・用具

クレパス，画用紙（八つ切り），つまようじ，竹串，粘土べら，
雑巾，なかやみわ『くれよんのくろくん』（童心社，2001）

事前準備

・児童が興味をもてるように，絵本『くれよんのくろくん』の読み
　聞かせの用意をする。
・削る方法を交流するための黒く塗りつぶした画用紙を準備しておく。

クレパスを3本一緒に握って，
色が重なることを楽しむ。

塗った上から指先でこするとどうなるか
試しながら活動する。

規則的に，
まっすぐ並べるように
色を塗って模様を
つくる。

思い思いに
色や塗り方を選び，
画用紙が変わって
いくことを楽しむ。

しっかり塗り込んでできた模様の感じも
みんな違って面白い。

活動の展開

1 『くれよんのくろくん』のお話を
基にした活動に出会い，関心をもつ。

2 「くろくん」がつくる色や模様を
思いながら，選んだ色のクレパスで塗る。

指導のポイント

● 児童が興味をもてるように，絵本『くれよんのく
　ろくん』のお話を読み聞かせする。
● 各児童の状況に応じ，継続して取り組める大き
　さの画用紙を設定する。
●『くれよんのくろくん』のお話に従い，模様になる
　いろいろな色で塗ることを提案する。

● 児童が途中で迷わないように，使う色を初めに
　決め，箱から取り出しておくよう伝える。
● できるだけ全体を塗ることができるように「端ま
　で塗れそうだね」「たくさん塗れたね」など励ま
　しの声を掛ける。

技法リンク　▶▶　線描・面描 P.022　重色 P.024　混色 P.026　スクラッチ P.032

「削って色が見えてくる
のが楽しい。
どんどん削ろう。」

「削ったら
いろんな色が
出てきたよ！」

「削る道具や削り方を変えていろいろな模様ができた。」(八つ切り)

「次は，どんな絵をかこうかな？」

「削ることが楽しかったよ。」(八つ切り)

3 「くろくん」や「ちゃいろくん」の活躍をイメージし，塗った上から色で覆う。

- 全体を塗りつぶせるように，「『くろくん』や『ちゃいろくん』，『むらさきくん』を活躍させてあげてね」などの声掛けをする。
- 「活躍できたかな」「広くなってきたね」など，塗る活動を励ます声を掛ける。

4 削ることを楽しみながら，見付けた表したいことを表す。

- 用意した黒く塗りつぶした画用紙を黒板に貼り，楽しい削り方を試したり，見せ合ったりする。
- 削った部分の形や色，模様やその感じなどに気付けるように，活動する児童を見守り共感する声を掛ける。

活動を終えて ▶▶▶ クレパスの色の重なりや削って模様をつくる楽しさ，面白さを味わっていたか。

作品集

おともだちと牛を見に行ったよ。
牛さんって下の歯しかないんだって!!
ニッコリ笑って見せてくれたよ。
（4歳）

コンテ, スケッチペン, 画用紙
（第76回 全国教育美術展 特選作品より）

引っぱれ!
牛さんこっちだよ
（4歳）

絵の具, クレヨン, コンテ, 油性ペン, 画用紙
（第78回 全国教育美術展 特選作品より）

ぞうさんとあそびたい
（5歳）

コンテ, 画用紙
（第78回 全国教育美術展 特選作品より）

やぎとともだち
（1年）
———
クレヨン, 画用紙
（第76回 全国教育美術展 特選作品より）

おはなしのえ
「どうぶつサーカスはじまるよ」
（1年）
———
パス, 画用紙
（第77回 全国教育美術展 特選作品より）

おひさまのプレゼント
（1年）
———
絵の具, パス, コンテ, 画用紙
（第79回 全国教育美術展 特選作品より）

まい日やりたい
モルモットのおせわ
（2年）
———
クレヨン, 画用紙
（第76回 全国教育美術展 特選作品より）

作 品 集

夕やけにうつる電車
（2年）
———
絵の具, クレヨン, 画用紙
（第78回 全国教育美術展 特選作品より）

とらとくせんたい
（2年）
———
絵の具, クレヨン, 画用紙
（第79回 全国教育美術展 特選作品より）

消火きのロケットで
うちゅうへゴー
（3年）
———
絵の具, パス, サインペン, 画用紙
（第77回 全国教育美術展 特選作品より）

フランクリンの空とぶ本やさん
（3年）
———
絵の具, クレヨン, はしペン, 画用紙
（第78回 全国教育美術展 特選作品より）

でっかいぞう
(3年)
————
絵の具, パス, 画用紙
(第79回 全国教育美術展 特選作品より)

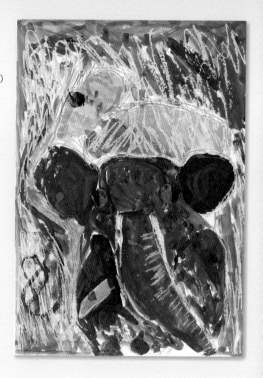

仕事をする友達
(4年)
————
絵の具, コンテ, 画用紙
(第79回 全国教育美術展 特選作品より)

マンション型のトラック
(4年)
————
絵の具, クレヨン, 画用紙
(第79回 全国教育美術展 特選作品より)

肖像画
(5年)
————
コンテ, 画用紙
(第76回 全国教育美術展 特選作品より)

作品集

私達の教室
(5年)

絵の具, コンテ, 画用紙
(第77回 全国教育美術展 特選作品より)

青空の下,
色鮮やかなヴォーリズ建築
(6年)

絵の具, クレヨン, パス, 黄ボール紙
(第79回 全国教育美術展 特選作品より)

大好きな図書室
(6年)

絵の具, クレヨン, 割り箸ペン, 画用紙
(第79回 全国教育美術展 特選作品より)

時計の国
（特別支援学校）

———

クレヨン, 画用紙
（第76回 全国教育美術展 特選作品より）

いろの森に住むどうぶつ
（特別支援学校）

———

絵の具, クレヨン, 画用紙
（第77回 全国教育美術展 特選作品より）

友だち
（中学2年）

———

コンテ, 画用紙
（第76回 全国教育美術展 特選作品より）

桜から見た景色
（中学2年）

———

クレヨン, ボール紙
（第79回 全国教育美術展 特選作品より）

149

学習指導要領とクレパス, コンテパステル

ここでは小学校学習指導要領解説図画工作科編におけるクレパスやコンテパステルの扱いについて解説を試みます。

材料や用具については「第4章 指導計画と内容の取り扱い 2 内容の取り扱いと指導上の配慮事項」にまとめて示されています。クレパスやコンテパステルは合わせてパスとまとめられ, 絵をかく用具としてだけではなく, 色のある材料としても取り上げられています。

> (6) 材料や用具については,次のとおり取り扱うこととし,必要に応じて,当該学年より前の学年において初歩的な形で取り上げたり,その後の学年で繰り返し取り上げたりすること。
> ア 第1学年及び第2学年においては,土,粘土,木,紙,クレヨン,パス,はさみ,のり,簡単な小刀類など身近で扱いやすいものを用いること。
> イ 第3学年及び第4学年においては,木切れ,板材,釘,水彩絵の具,小刀,使いやすいのこぎり,金づちなどを用いること。
> ウ 第5学年及び第6学年においては,針金,糸のこぎりなどを用いること。

前文で示されている「その後の学年で繰り返し取り上げたりすること」とは, 6年間通して児童の活動や表現方法に応じて取り上げるという意味です。

5学年及び6学年のA表現（2）イで, 指導事項「表現に適した方法などを組み合わせ」について,「児童が表したいことを表すために表現方法や材料, 用具などを選んだり, これを組み合わせたりして表すことである。例えば, 版で表した画面にパスで色を加える, 絵の具や墨, カラーペンなど多様な画材から選んで着色する（以下略）」と解説されています。このことからも分かるように, クレパスやコンテパステルは低学年だけに合った描画材料ではなく, 絵の具と組み合わせて思いに合う質感をつくりだしたり, 絵の具では表しにくい色の変化や厚み, 深みを表したりするなど, 中学年, 高学年の児童も表したいことに合わせて活用できる描画材料です。

本書の基礎編で紹介した用法を発展させたり, 絵の具と組み合わせたりするなど工夫することで表現は様々に広がります。個々の思いや個性に応じた扱い方の工夫ができるよう指導しましょう。

主体的・対話的で深い学びと クレパス, コンテパステル

学習指導要領改訂のポイントで日々の授業に関連するものが「主体的・対話的で深い学び」の実現に向けた授業改善の推進です。図画工作科の「深い学び」の鍵とされる「造形的な見方・考え方」の解説では,「活動や作品をつくりだすことは, 自分にとっての意味や価値をつくりだすことであり, 同時に自分自

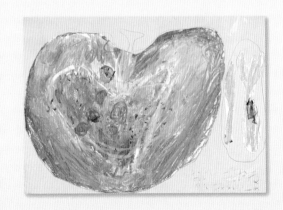

身をつくりだしていることである」とあります。これは幼児教育の造形表現においても同様です。もちろん初めにクレパスやコンテパステルの持ち方から基本的な使い方を教えることは必要ですが、使うことに慣れたり馴染んだりしていく過程で、クレパスやコンテパステルで表すことの楽しさや、できる形や色、その感じのよさなどを心に感じ取り「しっかり塗り込むとピカピカになるね」や「葉や花の柔らかな感じを出せるかな」など活動を通した気付きや願い、思いなどを基に「どんな感じに表せそうか」「どんな特徴の表し方ができそうか」を児童自身が考え、工夫して表すことができるようにしたいです。そのためには、教師が教える場面と児童が考える場面をどのように組み立てるかがポイントになります。

知識及び技能と
クレパス、コンテパステル

> 図画工作科で扱う「知識」とは、形や色などの名前を覚えるような知識のみを示すのではない。
>
> 児童一人一人が、自分の感覚や行為を通して理解したものであり、造形的な視点である「形や色など」、「形や色などの感じ」、「形や色などの造形的な特徴」などが、活用できる「知識」として習得されたり、新たな学習の過程を経験することで更新されたりしていくものである。

学習指導要領では、「A表現」「B鑑賞」に共通して指導する〔共通事項〕の内容に「自分の感覚や行為を通して形や色などの造形的な特徴を理解する「知識」の育成に関するもの」があります。今まで図画工作科では取り上げなかった「知識」について示されています。

本書の「行為や技法を基に表す」題材で、教師は活動のきっかけとして基礎編で紹介している扱い方や技法などを初めに教えますが、そのことは学習の目的ではありません。「形はどうしようか」「色はどれにしようか」と児童が表したいことを表すためにどんな活動にするかを考えることで教師が教えた知識が生きて働き、生まれる技能がやがて新たな知識となって身に付くようになります。

一方「表したいことを基に表す」活動では、大まかなテーマや主題は教師が提案しますが、児童が「白い雲が映えるように鮮やかな青色のクレパスで塗り込もう」「絵本で見た山はいろいろな色が混じっているから絵の具でおおまかに塗った上からクレパスで細かな模様をつけよう」などと具体的なイメージをもちながら用具を選んだり扱い方を工夫したりすることになります。活動を通してそれまでに身に付けてきた知識が活用され、知識及び技能の更新が起こります。

児童が自ら見付けた表したいことを表すために、クレパスやコンテパステルの扱い方や他の材料との組合せなど知っていることやできることなどを基に一層工夫し、知識及び技能を更新することが期待されます。

描画材料の誕生

絵の具の歴史

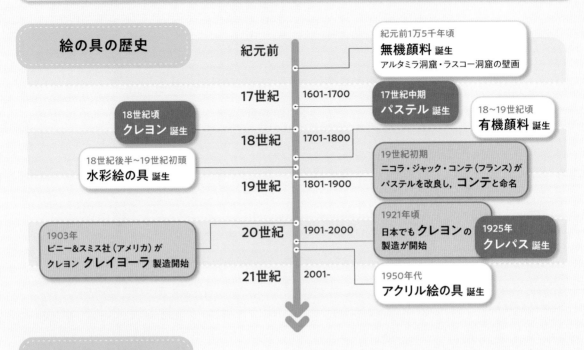

紀元前		紀元前1万5千年頃 **無機顔料** 誕生 アルタミラ洞窟・ラスコー洞窟の壁画
17世紀	1601-1700	17世紀中期 **パステル** 誕生
18世紀頃 **クレヨン** 誕生		18〜19世紀頃 **有機顔料** 誕生
18世紀	1701-1800	
18世紀後半〜19世紀初頭 **水彩絵の具** 誕生		19世紀初期 ニコラ・ジャック・コンテ（フランス）が パステルを改良し，**コンテ**と命名
19世紀	1801-1900	
		1921年頃 日本でも**クレヨン**の 製造が開始
1903年 ビニー＆スミス社（アメリカ）が クレヨン **クレイヨーラ** 製造開始	20世紀	1901-2000
	21世紀	2001-

1925年
クレパス 誕生

1950年代
アクリル絵の具 誕生

クレパスの誕生

　大正初期，小学校の図画の授業では鉛筆，色鉛筆，水彩絵の具が使用されていましたが，当時の鉛筆や色鉛筆は折れやすく，色鉛筆の色数は少なく，硬くて画用紙への着色もよくありませんでした。また，水彩絵の具も色が薄く，鮮やかさに欠けるものでした。

　画家・版画家でもあった山本鼎（かなえ）は，当時の手本どおりにかく「臨画」指導が中心の図画教育のあり方を憂い，子供の感性を自由に，伸び伸びと写生させなさいという「自由画」を提唱しました。この自由画運動は全国へ広がり，クレヨンは持ち運びに便利で活動場所ですぐに使える自由画にうってつけの描画材料として歓迎されました。

　しかし，当時のクレヨンは今日のものとは違ってか

クレパス製造機械の第一号機

なり硬く，「線描」には向いていましたが，「面描」には不向きであったため，表現の幅は限られていました。

　やがて，画用紙の上で混色したり伸ばしたりできるなど，パステルのような高度で幅広い描画効果も次第に求められるようになりましたが，パステルの場合は画面に定着しないため，フィキサチーフを用いた後処理が必要です。

　そこで，パステルのように色鮮やかで伸び伸びかけ，クレヨンのように後処理の手間がなく，子供でも容易に使える描画材料の開発が進められました。試行錯誤の末，1925（大正14）年，「クレパス」は，クレヨンとパステルの両方の長所をとった新しい描画材料として誕生。クレヨンのクレとパステルのパスを取って命名されました。

参考：サクラクレパス「クレパス誕生までの秘話」
https://www.craypas.co.jp/products/pickup-craypas/

クレパスの歴史

1921年（大正10年）
サクラクレパス創業

1928年（昭和3年）
四季を通じて使えるように品質改良されました。「ほんとの」とあるのは、当時数多くの模倣品が発売されたため、その対策としてつけられたものです。

1940年（昭和15年）
戦時中は、政府によって物資の価格が決められていました。
これを公定価格といい、まる公と表示がついたものだけが正規の商品として販売されていました。

 クレパスについていた「まる公」の表示

1968年（昭和43年）
「ほんとのクレパス」のイメージを刷新したデザイン。

1987年（昭和62年）
昭和60年ごろにレトロ・ブームの風潮が起こり、昔懐かしい商品の復刻が流行。時流にのって限定発売しました。

2011年（平成23年）
サクラクレパス創業90周年を記念して、クレパス700色セットを発売しました。

2021年（令和3年）
サクラクレパス創業100周年を記念して、限定パッケージのクレパス50色セットを発売しました。

1925年（大正14）
クレパス発明
発売当初のクレパスは寒暖の影響を受けやすく、四季を通じて一定の硬さを保つことが困難だったため、「かたい・夏用」と「やわらかい・冬用」の2種類を発売していました。

1937年（昭和12）
専門家用クレパス発売

1958年（昭和33年）
ほそまき（φ9mm）とふとまき（φ11mm）のクレパスを発売。パッケージも子供が親しみやすいデザインに変更しました。

ほそまき

ふとまき

1969年（昭和44年）
会社のコーポレートマークを現在のサクラマークに変更。「クレパスほそまき」はこの後1981年（昭和56年）で販売終了しました。「クレパスふとまき」のパッケージは今もなお引き継がれています。

ほそまき

ふとまき

2007年（平成19年）
クレパスがばらけないようにゴムバンドを採用。中身の配色がわかるよう、パッケージにカラーチャートを加えました。

2015年（平成27年）
クレパス誕生90年を記念して、90色セットを発売しました。

1900
1920
1940
1960
1980
2000
2020

描画材料の種類

顔料と染料の違い

絵の具の着色材は「顔料」,
サインペンなど水性マーカーの着色材は「染料」です。

	顔料	染料
溶解性	水や溶剤に溶けない。	水や溶剤に溶ける。
耐光性	耐光性に優れている。	耐光性に劣り, 日に当てると色あせやすい。
用途	絵の具, 塗料, 印刷インキ, 合成樹脂の着色など	水性マーカー, 繊維の染色, 食品の着色など

顔料の歴史

顔料は, 水や油, アルコールなどに溶けない色粉末のことです。混ぜ合わせる展色材の種類を変えることで様々な絵の具に変化します。

人類が最初に用いた色は赤だったようです。赤には生命を与える力があると信じられていたようで, 死体を赤土に埋葬したり, 骨を赤く塗った遺物が発見されています。化粧や呪術的行為の中で顔や身体に塗って使用していたことから, 顔料といわれるようになったようです。

紀元前1万5千年頃のスペインのアルタミラやフランスのラスコーなど, 洞窟画の原始時代には, 黒, 白, 黄色, 褐色, 赤褐色の系統の5色がありました。黒には木を燃やした炭や煤, 白には天然鉱物や貝殻などを風化させて砕いたもの, 黄色や褐色には土から採取したもの, 赤褐色には土に含まれる酸化鉄などの成分が顔料として使用されています。まだ青や緑の系統はありませんでした。その後, ウルトラマリン（群青）の顔料としてラピスラズリが使用されます。ラピスラズリは採取できる国が限られ, 海路で運ばれたため, ウルトラマリン（海を越える）と名付けられました。

当時から天然の土などの鉱物系顔料や, 動植物から得られる色素など, 自然界から手に入れることのできる限られた色（無機顔料）を原料にして色彩文化が築き上げられ, 18〜19世紀にかけては近代科学の発展とともに, 化学的に合成してつくる色（有機顔料）が使われるようになりました。

無機顔料は資源の枯渇や希少で高価となること, 人体に有害なものがあること, 色あせしやすいものがあることなどの理由から, 現在ではそれらを補うために有機顔料が圧倒的に多く使われるようになっています。

黒	白	黄色	褐色	赤褐色
炭や煤	天然鉱物など	天然鉱物など	天然鉱物など	酸化鉄など

参考：サクラクレパス「『画材の使い方』顔料と染料の違い」
https://www.craypas.co.jp/press/feature/007/sa_pre_0008.html

描画材料の組成

（絵の具の組成　▶▶ P.009）

着色材	+	展色材	➡	描画材料
黒鉛（石墨, グラファイト）		粘土		鉛筆
炭素		―		木炭
		粘土質の粉末		パステル
				コンテ
				コンテパステル
		油脂 蝋		**クレパス**
				クレヨン
				色鉛筆
		合成樹脂		クーピーペンシル
		アラビア・ガム デキストリン		透明水彩絵の具
				不透明水彩絵の具（ガッシュ）
				ポスターカラー
顔料		膠		日本画用絵の具
				墨
		卵蛋白 カゼイン		テンペラ絵の具
		植物性乾性油		油絵の具
		乾性油ワニス		油性版画絵の具
		エマルション		アクリルカラー
				アクリルガッシュ
				水性塗料
		水性メディウム		水性ボールペン
		水溶性樹脂液		デザインインキ
		水性メディウム		サインペン
染料		溶剤 油溶性樹脂		速乾性インキ
				マーカー
		油性高粘度メディウム		ボールペン

用語解説 50音順

アイコンの見方 ▶▶

材	描画材料
補	描画の補助に使う道具
技	技法
色	色に関する用語

APマーク

アメリカで画材の安全性において, 人の健康を害するような原料が一定基準以上含まれていないと毒物学者による評価で認められた製品に対してACMI（米国画材協会）から付与されるマーク。

オイルパステル 材

クレパスの一般名称。（パス）

顔料 がんりょう

水や油に溶けない性質をもつ, 絵の具の着色材。

クレパスワニス 補

クレパス画用のワニス（ニス）。作品完成後にスプレーすることで作品の画面を保護する。

こすり出し 技

てこぼこした硬めのものの上に紙を置き, クレパスや鉛筆などでこすり出して写す技法。（フロッタージュ）

混色 こんしょく 技

異なる色同士を混ぜること。

コンテ 材

クロッキーや素描に使う描画材料。主に鉱物を粉末にして固めたもので, 鉛筆と木炭の中間の性質をもつ。

コンテとめ液 えき 補

コンテパステルなどによる絵がこすれたり剥げたりしないよう, 画面に定着させる液。（フィキサチーフ）

コンテパステル 材

商品名。色の伸びがよいパステルと, 折れにくく強度のあるコンテの長所を掛け合わせた, 細かい線描やソフトな面描ができる描画材料。

彩度 さいど 色

色の三属性の一つ。色の鮮やかさの度合いのこと。

色相 しきそう 色

色の三属性の一つ。赤や青などの色みを表すもの。

色相環 しきそうかん 色

純色を色相の似た順番に並べてできる色の環のこと。

自由画教育 じゆうがきょういく

大正初期に山本鼎によって提唱された図画教育。従来の手本通りにかく臨画教育に対し, 子供の感性を自由に, 伸び伸びと写生することを勧めたもの。

重色 じゅうしょく 技

色を塗った上から, それとは別の色を混ざらないように重ねて塗ること。

純色 じゅんしょく 色

12色相環の色のように, 最も純度の高い色のこと。顔料や染料などの場合は, 技術的に得られる最も鮮やかな色のことをいう。

水彩絵の具 すいさいえのぐ 材

顔料にアラビア・ガム, デキストリンなど水溶性の展色材を混ぜた描画材料。薄塗りに適し, 塗り重ねの効果が得られる透明水彩と, 厚塗りに適したガッシュなどの不透明水彩がある。

スクラッチ 技

クレパスで塗り込んだ面を, 先の尖った用具で引っかいて表現する技法。削り取り。（引っかき絵）

ステンシル 技

型抜きの技法。切り抜いた型紙の形を生かし, かいたり塗ったりして表現する。

線描 せんびょう 技

線で絵をかくこと。

染料 せんりょう

水や油に溶ける性質をもつ, マーカーなどの着色材。

体質顔料 たいしつがんりょう

クレパスの原料の一つ。伸びをよくし, 色の強さを調整する。油を混ぜると半透明〜透明になる白色の粉体。

着色材 （ちゃくしょくざい）

描画材料において，画面上で発色する働きの成分。

展色材 （てんしょくざい）

顔料に混ぜて絵の具にする材料。主に接着剤の働きをする。

点描 （てんびょう） 技

点を打って表す技法。点の大きさや密度の違いを生かして表現する。

日本画 （にほんが）

洋画の対義語。岩絵の具と膠を使い，絵絹や和紙を基底材としてかかれた作品。

はじき絵 （え） 技

クレパスやクレヨンでかいた上から水彩絵の具をかけて表現する技法。（バチック）

パス 材

クレパスの一般名称。（オイルパステル）

パステル 材

粉状の顔料を棒状に固めた描画材料。画用紙に定着しづらい材質のため，フィキサチーフを吹きかけて保存する。

バチック 技

クレパスやクレヨンでかいた上から水彩絵の具をかけて表現する技法。（はじき絵）

引っかき絵 （え） 技

クレパスで塗り込んだ面を，先の尖った用具で引っかいて表現する技法。削り取り。（スクラッチ）

フィキサチーフ 補

コンテパステルなどによる絵がこすれたり剥げたりしないよう，画面に定着させる液。（コンテとめ液）

フロッタージュ 技

てこぼこした硬めのものの上に紙を置き，クレパスや鉛筆などでこすり出して写す技法。（こすり出し）

マーブリング 技

色流しの技法。水と油などの反発する性質を利用し，偶然にできる模様を紙に定着させる。

マチエール

画面の肌合いの感じ。てかてか，つるつる，ざらざらなど表面上の質感。本来は材料，物質の意味。

無彩色 （むさいしょく） 色

彩度が0の色のこと。白・灰・黒。

明度 （めいど） 色

色の三属性の一つ。明るさの度合いのこと。

面描 （めんびょう） 技

面を塗ること。ベタ塗り。

有彩色 （ゆうさいしょく） 色

無彩色（白・灰・黒）以外のすべての色のこと。色の三属性の色相・明度・彩度を備える。

洋画 （ようが）

日本画の対義語。西洋から伝わった油彩・水彩の作品。西洋画とも。

おわりに

　この本をつくるため，3人の著者と実践をお願いした現職の先生方は東京と大阪で2度ずつの打ち合わせをしました。事前に本書のコンセプトを伝え，個々に題材のプランを用意して頂き，実践に向けて検討しました。共感したり相談したり，時には題材の見直しをお願いすることもありました。掲載されている実践の全てが造形教育の現場から生まれたことが本書の大きな特長です。また編集の方との打ち合わせでは生産者ならではの専門的な知識も頂きました。クレパスの指導をされる先生が子供とお話しできそうなことを「クレパス豆知識」のページで紹介しています。本書は，幼稚園や小学校の先生や子供と著者，そしてクレパスの生産者の協働の成果物です。三者を結び付けたのは大正時代に学校教育としての図画の発展を後押しした国産描画材から連なるクレパスの存在です。

　本書を手にした方々がクレパスの新たな魅力を発見し，子供たちと楽しいクレパスの時間を過ごして下さればうれしく思います。

　最後になりましたが，著者の様々な期待に応え実践を提供してくださった先生方と子供たち，本書の企画をまとめ，編集を進めてくださった山中穂乃花さんを始めとするサクラクレパスの編集の皆様に感謝いたします。

2021年9月

西尾 正寛・小林 貴史・山田 芳明

参考文献

● 文部科学省　『幼稚園教育要領解説』　フレーベル館　2018
● 厚生労働省　『保育所保育指針解説』　フレーベル館　2018
● 内閣府・文部科学省・厚生労働省　『幼保連携型認定こども園教育・保育要領解説』　フレーベル館　2018
● 文部科学省　『小学校学習指導要領解説図画工作科編』　日本文教出版　2018
● 『平成27年度版 小学校　図画工作教科書』　開隆堂出版　2015
● 『平成27年度版 小学校　図画工作教科書』　日本文教出版　2015
● 根津三郎　『クレヨン・クレパスの本　技法と実践』　サクラクレパス出版部　1979
● 石田壽男　『クレヨン・クレパスの世界　技法と実践』　サクラクレパス出版部　1998
● サクラアートミュージアム　『クレパス画事典』　サクラクレパス出版部　2005
● 辻泰秀　『よくわかるクレパス・クレヨン』　サクラクレパス出版部　2015
● 【教育美術　2019年9月号 <No.927>】　教育美術振興会　2019

執筆協力者

※所属は2020年3月現在

立花 昌代	学校法人廣瀬学園 よさみ幼稚園	048-049, 050-051, 052-053
藤井 麻奈美	学校法人廣瀬学園 よさみ幼稚園	054-055, 060-061, 062-063
文野 愛美	学校法人廣瀬学園 よさみ幼稚園	044-045, 046-047
北山 里子	学校法人廣瀬学園 よさみ幼稚園	056-057, 058-059
廣瀬 聡弥	奈良教育大学	044-063 ※校正協力
赤川 浩之	練馬区立大泉南小学校	064-065, 074-075, 094-095
高橋 史樹	練馬区立谷原小学校	066-067, 092-093, 102-103, 104-105, 122-123, 128-129
山本 芽生	寝屋川市立和光小学校	068-069 ※写真提供
大木 亜希子	足立区立西保木間小学校	070-071, 076-077
宮川 紀宏	鳴門教育大学附属小学校	072-073, 136-137
中田 絵里	神戸市立御影小学校	078-079, 130-131
服部 真也	奈良女子大学附属小学校	080-081, 086-087 ※共同執筆
島本 政志	寝屋川市立東小学校	082-083
渡辺 富美子	新潟市立新津第二小学校	084-085, 110-111
田原 夕紀子	寝屋川市立桜小学校	086-087 ※共同執筆, 140-141, 142-143
ピオルコフスキー 潤	大阪教育大学附属平野小学校	088-089
大野 麻夕	神戸市立東町小学校	090-091, 124-125
松永 信子	神戸市立福住小学校	096-097, 120-121
水戸野 寛子	東京学芸大学附属大泉小学校	098-099, 116-117
櫻井 和代	神戸市立明親小学校	100-101, 138-139
牧野 香子	神戸市立会下山小学校	106-107, 112-113
齋藤 和美	堺市立東陶器小学校	108-109 ※執筆
石橋 絵梨子	大阪教育大学附属池田小学校	108-109 ※写真提供
守屋 建	東京学芸大学附属小金井小学校	114-115, 118-119
畑本 真澄	神戸市立だいち小学校	126-127, 132-133
永井 麻希子	橿原市立鴨公小学校	134-135

著者

NISHIO Masahiro

西尾 正寛

畿央大学 教授

1961年　大阪府生まれ
大阪府公立中学校, 大阪教育大学附属平野小学校を経て, 現所属。日本教育美術連盟事務局長, 図画工作科教科書の著者, 文部科学省が2019年に公開した「図画工作科で扱う材料や用具」の作成協力者を務める。地元の奈良や大阪で学習会に取り組み現職教員の力量形成を目指している。

KOBAYASHI Takashi

小林 貴史

東京造形大学 教授

1961年　東京都生まれ
東京都公立中学校, 東京学芸大学附属大泉小学校教諭を経て, 現所属。造形教育にかかわる研究活動, ゼミナールの活動として地域社会と連携した造形ワークショップの活動に参加しているとともに, 図画工作科教科書著者, 平成29年改訂学習指導要領をはじめ文部科学省各種協力者を務めている。

YAMADA Yoshiaki

山田 芳明

鳴門教育大学 教授

1965年　大阪府生まれ
大阪教育大学附属平野小学校を経て, 現所属。図画工作科教科書著者, 国立教育政策研究所の学習指導要領実施状況調査結果分析委員会委員等を務める一方, 参加者の互選で授業者を選ぶ「図工授業づくりユニオン」を企画するなど, 新しい教育研究会の在り方を探究している。

かく たのしむ ひろがる **クレパスのじかん**

2021年10月14日　第1刷発行
著　者 / 西尾 正寛・小林 貴史・山田 芳明
発行者 / 西村彦四郎
発行所 / 株式会社サクラクレパス出版部
〒540-8508　大阪市中央区森ノ宮中央1-6-20　TEL（06）6910-8800（代表）
〒110-0052　東京都台東区柳橋2-20-16　TEL（03）3862-3911（代表）
https://www.craypas.co.jp

※本書に関するお問い合わせは, 弊社（大阪）出版部にお願いいたします。
※落丁・乱丁の場合はお取り替えいたします。
デザイン / nakanaka graphic
印刷・製本 / 株式会社シナノ